职业院校公共课系列教材

常用应用文写作

佛山市南海区信息技术学校　编

编委会

主　　任 ◎ 谢　郁
副 主 任 ◎ 田中宝
执行主编 ◎ 杜周雅
副 主 编 ◎ 陆　学　何绮雯
参　　编 ◎ 罗毅清　欧伟文

中国轻工业出版社

图书在版编目（CIP）数据

常用应用文写作/佛山市南海区信息技术学校编 .—北京：中国轻工业出版社，2020.9
职业院校公共课系列教材
ISBN 978-7-5184-2181-7

Ⅰ.①常… Ⅱ.①佛… Ⅲ.①汉语—应用文—写作 Ⅳ.①H152.3

中国版本图书馆 CIP 数据核字（2020）第 099871 号

策划编辑：张文佳
责任编辑：韩　泽　张文佳　　责任终审：张乃柬　　封面设计：锋尚设计
版式设计：砚祥志远　　责任校对：朱燕春　　责任监印：张　可

出版发行：中国轻工业出版社（北京东长安街 6 号，邮编：100740）
印　　刷：北京君升印刷有限公司
经　　销：各地新华书店
版　　次：2020 年 9 月第 1 版第 1 次印刷
开　　本：710×1000　1/16　印张：8.75
字　　数：180 千字
书　　号：ISBN 978-7-5184-2181-7　　定价：29.80 元
邮购电话：010-65241695
发行电话：010-85119835　传真：85113293
网　　址：http：//www.chlip.com.cn
Email：club@chlip.com.cn
如发现图书残缺请与我社邮购联系调换
180790J3X101ZBW

前　言

PREFACE

随着社会的发展，应用文在日常工作中应用的范围更广，应用文写作能力也成为工作岗位必备的能力之一。广东省佛山市南海区信息技术学校作为国家级重点中等职业学校，一直以来非常重视学生应用文写作能力的提升。但是，多年来，我校使用的应用文写作教材多次改动，版本众多，有些教材的内容已与现实需要脱节，不利于本校学生的学习和教师的教学。

本书的编写是从应用文写作教学实际出发的，根据一线教师积累的多年经验，多方学习，结合实际，选择适合工作岗位需要，并符合职业院校学生实际情况的教学内容，做到“因材施教”“学以致用”，让学生能在中职的学习生涯中熟练掌握常用应用文写作的知识和技能，提高学生的综合写作能力。

本书的编写采用项目任务式的知识模块结构，全书共六个项目，除了项目一以外，其余项目由任务描述、任务分析、知识链接、能力训练和课后练习组成。书中综合安排编写内容，选择最合理的知识点、最合适的参考例文、最切合教学的训练，让学生“在学中练，在练中学”，内容贴近学生实际，知识点更加直观、通俗易懂，能够充分调动学生的学习积极性和主动性。

本书由多年从事应用文写作教学的教师进行编写。参加编写的成员有：杜周雅、陆学、何绮雯、罗毅清、欧伟文，由杜周雅任主编，陆学、何绮雯任副主编。全书各项目的编写分工如下：前言、项目一、附录由陆学编写；项目二由杜周雅编写；项目三、项目四由何绮雯、欧伟文编写；项目五、项目六由罗毅清编写。全书由杜周雅策划并统稿，陆学、何绮雯拟定大纲并参与统稿，由各位编者协力完成相关的工作。

在教材的编写过程中，参考借鉴了各类与应用文写作相关的教材、著作，在此对这些作者表示衷心的感谢。同时，对中国轻工业出版社与佛山市南海区信息技术学校相关部门的鼎力相助，亦深表感谢。

由于在实际运用中应用文的写作方法和使用方法比较灵活，书中难免有不尽之处，衷心希望读者和同行批评指正。

编者

目　录

CONTENTS

项目一　应用文概述　1

任务一　应用文基础知识　1

任务二　应用文语言特点及格式　4

任务三　通用公文的格式　6

任务四　通用公文的制发程序　15

项目二　常用行政公文　18

任务一　请示　18

任务二　函　24

任务三　报告　28

任务四　通知　34

项目三　常用事务文书　39

任务一　计划　39

任务二　总结　44

任务三　启事　52

项目四　常用宣传文书　57

任务一　海报　57

任务二　微信推文　60

项目五　常用专用书信　67

任务一　证明信　67

任务二　请柬　72

任务三　申请书　76

任务四　求职信　81

任务五　电子邮件　86

项目六　常用商务文书 91

任务一　策划书 91

任务二　经济合同 98

任务三　劳动合同 104

附录 117

参考文献 131

项目一　应用文概述

任务一　应用文基础知识

1. 应用文的概念

应用文是人类在长期的社会实践活动中形成的一种文体，是人们传递信息、处理事务、交流感情的工具，有的应用文还用来作为凭证和依据。

应用文是国家各级机关、企事业单位、社会团体以及个人处理事务时所使用的具有一定格式的实用性文体的总称。

应用文与我们的日常生活和工作有着密切的关系。政府要实行依法治国、有效管理，就要有各种法规文件等诸多公务文书；企事业单位要正常运转，就要有许多的计划、总结等事务文书；个人之间要进行商务往来、信息交流、感情沟通等，也需要函件往来等。至于个人自身的发展，更离不开应用文，如写求职信、自荐信等。随着社会经济的发展、公共关系的活跃、日常交流信息的增加，应用文的使用将越来越多，越来越广泛。

2. 应用文的分类

应用文的分类方法多种多样，本书按照目前行政机关、企事业单位、社会团体和个人较常用的文体，将常用应用文分为以下几类：

①公务文书，包括：命令（令）、决定、公告、通告、通知、通报、议案、报告、请示、批复、意见、函和会议纪要等。

②事务文书，包括：调查报告、计划、总结、简报、会议记录、规章制度、启事、会议议程、请柬、邀请信等。

③商务文书，包括：策划书、经济合同、劳动合同、市场调查报告、经济活动分析报告、意向书、商品说明书、广告等。

④宣传文书，包括：新闻报道、海报、网站以及微博、微信推文等。

⑤专用书信，包括：请柬、邀请信、申请书、证明信、求职信、推荐信、电子邮件等。

3. 应用文的特点

（1）实用性。

应用文的写作主要是为了解决实际问题，实用性是它最主要的特点。

众所周知，文学作品给人以审美愉悦，用来陶冶人的性情；理论文章给人以知识，用来提高人的认识，拓展知识面。而应用文却不同，它是要处理公私事务的，其功效是在人类各种活动中通过取得直接的实用价值而体现出来的。制订计划，是为了确立工作目标和任务，明确措施、步骤及预期的效果等；写一篇总结，是为了对过去一段时间的实践活动进行回顾归纳、评价分析，总结得失，汲取经验教训等；写一篇商品说明书，是为了介绍商品的性质、性能、成分和功用等；签订合同，是为了加强联系与合作，维护双方当事人的合法权益。

因此，应用文写作的目的性、针对性极强，立意鲜明、对象具体、要求明确、旨在应用；它因事而作、因用而发，如果失去了实用性，也就失去了应用文自身存在的价值。所以，应用文写作时力求结构简单、语言务实、简约精要，切忌浮华烦冗。

（2）真实性。

应用文不像文学作品那样可以进行艺术虚构，也不需要渲染气氛，要求材料真实、准确，内容实事求是。由于应用文是处理事务的文章，它的内容取材必须真实准确，反映社会生活中的客观事物本质。不管是公务文书还是私务文书，都应以事实为依据来筛选写作素材。例如：写调查报告，绝不允许主观臆造，要注意时间、地点、人物、事件的真实与准确；写总结，不能胡编乱造，对实践过程中的一些现象、事件夸大或者隐瞒，要实事求是，总结得失，才可以对今后工作有进一步的指导作用。

（3）针对性。

应用文的针对性如下：一是指有比较具体的、明确的授受对象；二是指内容上的针对性。

首先，受文对象的针对性。文学作品的阅读对象可以是任何一个人，没有固定性或者针对性，但是应用文均有特定的受文对象。例如：一份通知要发给具体的对象，一份请示是呈给领导机关，一份合同或一封信函只涉及有关各方。应用文离开了特定读者，超越一定范围，就没有什么意义了。

其次，内容上的针对性。一般应用文在内容上主要着眼于行文的原因、根据、目的和要求等，内容准确明白，针对性强，才能更好且高效地解决实际问题。

（4）规范性。

规范性是指应用文写作有特定、惯用的格式。应用文的文本形式、习惯用语和制发程序都具有规范性。应用文在长期使用过程中，逐渐形成了自己比较规范的文本形式（格式和写法），并且还有某些约定俗成的习惯用语，在制发程序上也有一定的要求，使之成为区别于其他文体的显著特点之一。例如：书信、合同等都有自己的体式和惯用词语。行政公文、司法文书有的文种，是由权力机关以法规形式对文种格式加以认定，并在其管理范围内普遍遵照执行。

《国家行政机关公文处理办法》（以下简称《办法》）中对公文格式作了明确规定，个人无权任意更改或不按规定办事，否则，便违反了规定。计划、总结等类的应用文，写法自然可以灵活些，也提倡创新，但不管怎么写，其体式也离不开特定的要求。规范的体式，是应用文长期写作经验的结晶，它便于写作、阅读与处理，有利于提高办事效率以及分类归档和查询等。这种规范性与应用功能、社会效益、工作效率密切相关，是它在形式上的一个突出特性。

（5）时效性。

应用文是为解决已经出现或可能出现的具体问题而写的。因此，应用文必须写得及时，发得及时，办得及时。如果缺乏责任心或者缺乏经验，拖拖拉拉不及时准确地行文，势必降低工作效率，甚至会造成严重的损失。比如：书信收到后不及时答复，有失礼仪，影响交流；市场调查报告不做到及时反馈，就会错失商机。应用文时效性的另一含义，就是它发挥效力有一定的时间限定。一般说来，按一定的步骤完成之后或履行完毕，它就失去了效力。比如：经济合同，一经订立，立即产生法律效力，一旦过期，就失去了作用。

课后练习

填空题

1. 应用文是国家各级机关、______、______及个人处理事务时所使用的具有一定格式的实用性文体的总称。

2. 应用文的特点包括：______、______、______、______、______。

任务二　应用文语言特点及格式

1. 应用文的语言特点

（1）准确。

准确地记载与传递信息是撰写应用文的基本要求，应用文的语言表述必须符合客观实际、符合逻辑，即概念准确而且恰当，还要符合语法修辞的规范。例如：在某桥梁承建合同条款中“桥面铺大理石”的表述，到底是桥面一部分地方铺大理石还是桥面全部铺大理石呢？这样的表述就会产生歧义，容易引起纠纷。

（2）简洁。

应用文在写作中，要言之有物，简明扼要，做到有话则长，无话则短，句内无余字，篇内无剩语。行文冗长，言之无物，不仅浪费时间，还影响表达效果，给工作带来损失。

（3）朴实。

朴实，即文风要朴实无华，语言实在，朴素规范，强调直接叙述，不追求华丽辞藻。应用文的用语朴实，但是拒绝使用不规范的词语，尤其当今流行的一些网络词汇或者新生词汇。例如：“搞定”“撮一顿”“饭局”等，虽然流行，但因不规范，不能在应用文写作中使用。

（4）规范。

应用文语言的规范是指行文必须符合国家有关规定。例如：标点符号的使用，时间和数字的使用，简化字的使用，简称的注意事项等。

应用文中的公文更应该使用规范化的书面语言。例如：在公文中使用“商榷”“面洽”“兹”“拟”等书面语言，而不使用“商量”“谈谈”“生日”“现在”“打算”等口语，以示庄重。

2. 应用文中常用词语

（1）称谓词，即表示称谓关系的词。

第一人称：用“本”“我”，后面加上代表单位的简称。例如：部、办、厅、局、厂、所等。

第二人称：用“贵”“你”，后面加上代表单位的简称。

第三人称：用“该”，可以指代人、单位或事物。例如：“该同志”“该厂”

“该产品”等。

（2）开头用语，用于说明发文缘由，包括：意义、根据或介绍背景材料及情况等。

常用的有：为、为了；根据、按照、遵照、依照；鉴于、关于、由于；目前、当前；兹（指现在）、兹有、兹将、兹介绍、兹派、兹聘。

（3）承启用语，用于连接开头与主体文部分，起承上启下作用的惯用语。

例如：根据……决定、根据……特通告如下、依据……公告如下；为了……现决定、为……通报如下；现就……问题请示如下、现将……情况报告如下、现就……问题提出如下意见；经……批准（同意）将有关事项通知如下；拟采取如下措施；经……研究，答复如下。

（4）引述用语，用于批复或复函引述来文作为依据的用语。

例如：悉（知道）、收悉、电悉、文悉、敬悉、欣悉。

（5）批转用语，用于批转、转发、印发通知时的用语。

例如：批示、阅批、审批、批转、转发、印发。

（6）经办用语，表明工作处理过程或情况。

例如：经、业经、兹经、未经；拟、拟办、拟定；施行、暂行、试行、可行、执行、参照执行、贯彻执行、研究执行；审定、审议、审发、审批；会议听取了、会议讨论了、会议认为、会议指出、会议强调指出、会议通过了、会议决定、会议希望、会议号召、会议要求、会议恳切呼吁。

（7）表态用语，用于表态的语言。

例如：不同意、原则同意、同意；不可、可办、照办；批准、原则批准。

（8）结尾用语，具体如下。

①用于请示。例如：当否，请批示；如无不妥，请批转各地执行；妥否，请批复。

②用于函。例如：请研究函复；盼复；请与复函；不知尊意如何，盼函告；望协助办理，并尽快见复。

③用于报告。例如：请指正、请审阅。

④用于批复、复函。例如：此复、特此专复、特函复。

⑤用于知照性公文。例如：特此公告。

课后练习

一、填空题

应用文的语言特点是：______、______、______和______。

二、选择题

1. 属于开头用语的是（　　）。

A. 为了　　B. 兹　　C. 根据　　D. 鉴于

2. 属于承启用语的是（　　）。

A. 根据……决定　　B. 经……研究，答复如下

C. 现将……情况报告如下　　D. 妥否，请批复

3. 属于引述用语的是（　　）。

A. 收悉、电悉　　B. 文悉、敬悉　　C. 业经、拟办　　D. 执行、施行

4. “不同意，原则同意，同意”是公文的（　　）。

A. 承启用语　　B. 经办用语　　C. 表态用语　　D. 结尾用语

任务三　通用公文的格式

1. 通用公文用纸、排版和印装规格

（1）公文用纸：国家机关公文用纸采用国际标准 A4 型（宽 210mm×长 297mm）。

采用 A4 型纸的页边和版心尺寸：天头（上白边）为“37mm±1mm”，订口（左白边）为“28mm±1mm”，地脚（下白边）为“35mm±1mm”，翻口（右白边）为“25mm±1mm”，版心尺寸为“156mm×225mm（不含页码）”。

（2）排版：正文用小 3 号仿宋体字，一般每面排 22 行，每行排 28 个字。

（3）印装：公文的装订要求左侧装订，订位为两钉订眼距书心上下各 1/4 处，允许误差±4mm，钉锯与书脊间的距离为 3~5mm，一般为 4mm。

（4）页码：公文的页码标识，要求用 4 号半角阿拉伯数字，数码左右各放一条 4 号一字线，一字线距版心下边缘 7mm，单页码居右空 1 字，双页码居左空 1 字，空白页和空白页以后的页不标页码。

2. 通用公文中各要素标识规则

《中国共产党机关公文处理条例》《国家行政机关公文处理办法》公文的书面格式划分为眉首、主体、版记三部分，并分为：公文份数序号（份号）、秘密等级和保密期限、紧急程度（等级）、发文机关标识、发文字号、签发人和红色反线、公文标题、主送机关、正文、附件、成文日期、公文生效标识（印

章）、附注、主题词、抄送机关、印发机关和印发时间、份数、版记中的反线（18 个）要素。其中，眉首（文头）部分（前 6 个要素）、主体部分（中间 7 个要素）、版记（文尾）部分（最后 5 个要素）。置于公文首页红色反线（又称间隔横线）以上的各要素统称眉首；置于红色反线（不含红色反线）以下至主题词（不含主题词）之间的各要素统称主体；置于主题词以下的各要素统称版记。

公文标准版式及公文各要素标准版式，如图 1–1、图 1–2 所示。

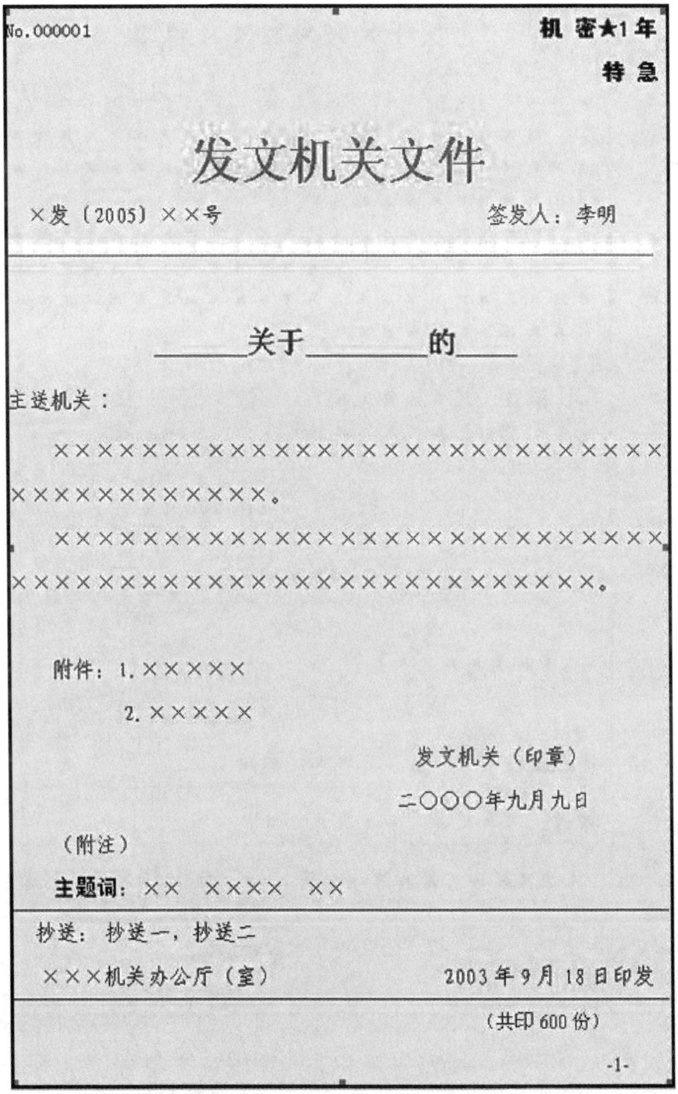
No.000001

机密★1年

特急

发文机关文件

×发〔2005〕××号　　签发人：李明

______关于________的____

主送机关：

××。

××。

附件：1.×××××

2.×××××

发文机关（印章）

二〇〇〇年九月九日

（附注）

主题词：××　××××　××

抄送：抄送一，抄送二

×××机关办公厅（室）　　2003年9月18日印发

（共印600份）

-1-

图 1–1　公文标准版式

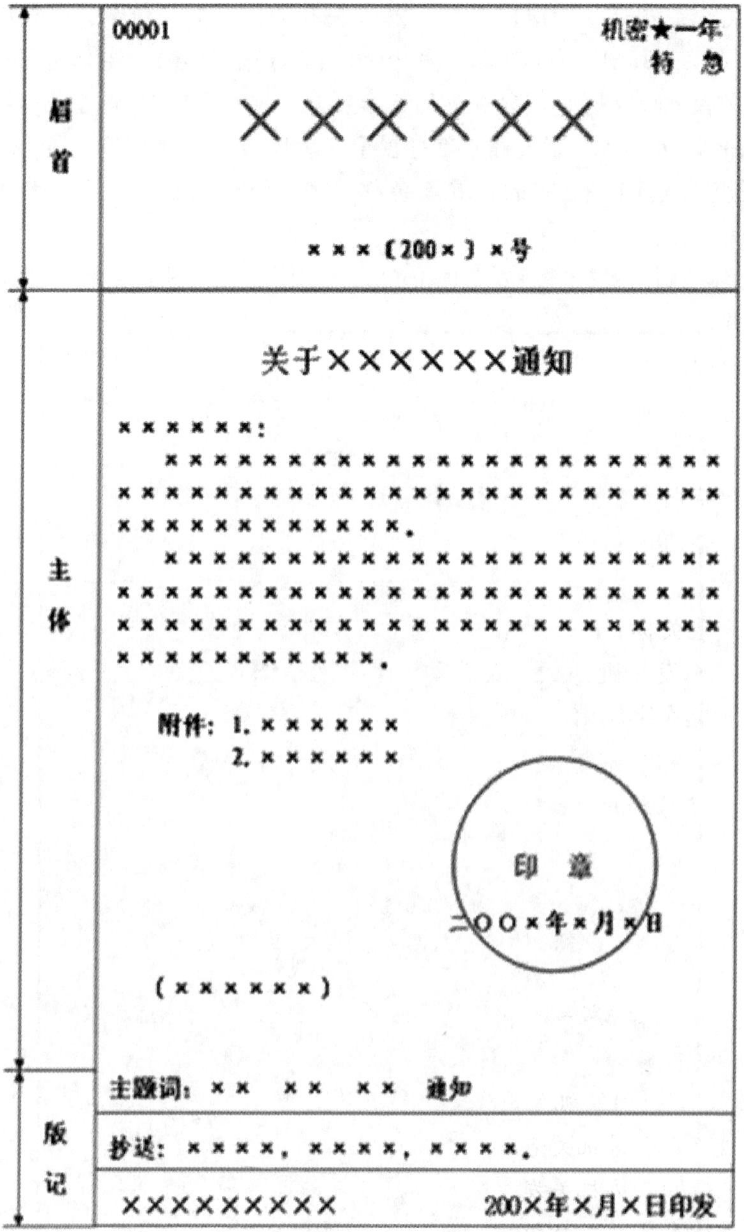

图 1–2　公文各要素标识版式

（1）眉首。又称文头、版头，是指公文首页红色反线以上的各要素，包括：公文份数序号（份号）、秘密等级和保密期限、紧急程度（等级）、发文机关标识、发文字号、签发人和红色反线。

①公文份数序号（份号），指同一公文的印刷份数，按顺序从1开始编的序号。例如：穗府〔2018〕1号文第“000088”号，是指广州市政府2018年发布的1号文件总印发数中的第88份。公文份数序号，用阿拉伯数字顶格标识在版心左上角第一行。

②秘密等级和保密期限，指公文内容涉及保密程度的等级和时间期限。秘密等级分为“绝密”“机密”“秘密”三级，字体为3号黑体字，顶格标识在版心右上角第一行，两字之间空1字，如“机密”；如需同时标识保密期限和秘密等级同行并排，秘密等级和保密期限用“★”隔开，如“机密★一年”。

③紧急程度（等级），一般用3号黑体字，顶格在版心右上角第二行，在秘密等级下方。根据紧急程度，紧急公文应当分别标注“特急” “加急（急件）”，电报应当分别标注“特提”“特急”“加急”“平急”。标明紧急程度，是为了引起特别注意，以保证公文的时效，确保紧急事项的及时处理。紧急电报紧急程度办结时限为“特提”1天内，“特急”3天内，“加急”5天内，“平急”10天内。

④发文机关标识，又称“版头”。《中国共产党机关公文处理条例》规定：版头“由发文机关全称或者规范化简称加文件二字或者加括号标明文种组成，用套红大字居中印在公文首页上部”。发文机关标识原则上应使用宋体字或黑变体字和红色标识，字号以醒目美观为原则由发文机关酌定，推荐使用高22mm×宽15mm字体。上报的公文，发文机关标识上边缘至版心上边缘为80mm。

知识链接

目前，有的文件版头不规范。县级以上行政区域名称前不必要再加上一级行政区域名称。例如：“××县档案局”，不必写为“××省××县档案局”或“××市××县档案局”。同级机关或部门可联合行文，联合行文版头可以用主办机关名称，也可并用联署机关名称。联合同级别机关，一般按党政军群的顺序排列。发文字号只标明主办机关发文字号。而在实际操作中，有些单位往往是没有联合机关专用红色文头，打印“黑头”文件，严重影响了公文的严肃性。

⑤发文字号，又称“发文编号、文件字号”，由发文机关代字、年份和序号组成。例如：“粤府办〔2018〕11号”中，“粤府办”为发文机关代字，“2018”为年份，“11号”为序号。发文字号一般在发文机关标识下空2行处，用3号仿宋体字标注并居中排布（不与签发人时）。机关代字应当反映发文机关

或部门的性质，不可有几种写法。年份、序号用阿拉伯数字标识。联合行文时，只标识文件主办机关的发文字号。

知识链接

发文字号目前存在的问题：一是“字”和“发”混淆不清。党政机关代字多为“××发”，职能部门代字多为“××字”；二是符号“〔〕”的使用不正确，年份应标全称，用六角括号“〔〕”括住，六角括号“（〔〕）”可在Word软件“插入符号”中选取，不能用“（）”；三是序号编虚位，将“5号”误编为“005号”；四是加“第”字，例如“发文〔2006〕5号”写为“发文〔2006〕第5号”。

⑥签发人，上报的公文需标识签发人姓名，签发人姓名平行排列于发文字号右侧。发文字号居左空1字，签发人姓名居右空1字。“签发人”用3号仿宋体字，“签发人”后标全角冒号，冒号后用3号楷体字标识签发人姓名。

⑦红色反线一般标印在发文字号之下4mm处，其长度与版心等宽（即16开，110mm至145mm，A4在156mm左右）。需要注意的是，党委的可在红色反线中间标“★”，政府序列不标“★”。

（2）主体。包括：公文标题、主送机关、正文、附件、成文日期、公文生效标识（印章）、附注。

①公文标题，由发文机关名称、事由和文种组成。一般都要写全。省略发文机关有两种情况：一种是机关内部使用的公文，标题中省略在落款处写机关名称；另一种是法规类公文。令、命令等为了庄重简练省略事由。公布张贴性的通告、通知等公文为了醒目，发文机关事由可同时省略。

公文标题一般标识在红色反线下空2行处，用2号宋体字居中排布。有两个发文机关的机关名称可横排也可纵排，纵排要上下对齐。公文标题如果字数偏多，需要分行排列，分行时须注意不要把各行上下对齐排成等长，有二行时可上短下长或下短上长，有三行以上时，可排成金字塔式、倒金字塔式或瓶式，不得将两个字以上的词拆开排在不同行的首尾。总之标题的排布要做到词义完整、排列对称、间距恰当。

知识链接

公文标题普遍存在的问题有以下五个：

一是不写发文机关名称，以为文头印了发文机关，标题就可以省略，这是错误的。

二是滥用标点符号。公文标题中除法律、法规、规章名称加书名号外，一般不使用标点符号。

三是多层转发，语意难解。例如：某县级机关转发市级机关已经转发的《山西省民政厅关于加强民政工作的通知》，其标题拟为《××县民政局关于转发××市民政局关于转发山西省民政厅关于加强民政工作的通知的通知》，一个标题中出现多个“关于”和多个“通知”，使读者不知所云，可通过省略一个通知字样的方式来“消肿”，改为《××县民政局转发山西省民政厅关于加强民政工作的通知》。

四是批转、转发、印发文件选词不当。下发行政法规、规章的公文标题用“发布”或“印发”，下发隶属机关的公文标题用“批转”，下发上级、同级和不相隶属机关的公文标题用“转发”，贯彻上级机关发出的公文的标题，应将事由写清楚，而不能只写原文发文字号。

五是对公文主题的把握不准确、不全面。对起限制、修饰和说明的时间名词、程度副词及介词结构等使用不当，从而造成了公文标题事由不清楚、不准确，例如“××县工商局关于摆摊设点的决定”，此“决定”对摆摊设点究竟是“禁止”还是“准许”、摆设地点等不明确、不具体，根据该文的内容，应改为“××县工商局关于禁止在城区繁华地带随意摆摊设点的决定”。

②主送机关，又称“抬头”“上款”“受文机关”，是指公文的主要接收机关，应当使用全称或者规范化简称、统称。

在通常情况下，上行文（如请示、报告）、特指性下行文（如批复、通知）、平行文（如函），只写一个主送机关；普发性下行文（如决定、通知、通报、意见）写整个主送机关；周知性公文（如公告、通知）可以不写主送机关。上行文的主送机关一般只有一个。

知识链接

主送机关普遍存在的问题：

一是主送机关“一逗”或“一顿”到底。主送机关较多，应按其性质、级别和有关规定或惯例依次排列，同性质或同级别的机关之间用顿号，不同性质或不同级别的机关之间用逗号。例如：国务院对下行文，其主送机关的排列形式为“各省、自治区、直辖市人民政府，国务院各部委、各直属机构”。

二是位置选择不对。主送机关一般在标题下空1行、左侧顶格用3号仿宋体字标识，回行时仍要顶格，最后一个主送机关名称后标全角冒号。意见、决定、条例的主送机关标注在版记中的主题词之下、抄送之上。其余类别的公文，如果主送机关名称过多而使公文首页不能显示正文时，应将主送机关名称移至版记中的主题词之下、抄送之上，标识方法同抄送。向上级机关请示只写一个主送机关；向下级部分机关发送的公文，如果发送机关少，可将发送机关名称全部写上，发送机关多，可采用“各有关部门和单位”等办法概写。

三是党政不分。党委行文对政府系统，党政联合行文对党委。中共中央行文主送单位可为“各省、自治区、直辖市党委，各大军区党委，中央各部委，国家机关各部委党组，各人民团体党组”；国务院行文可为“各省、自治区、直辖市人民政府，国务院各部委、各直属机构”；中共中央、国务院联合行文可为“各省、自治区、直辖市党委和人民政府，各大军区党委，中央和国家机关各部委，各人民团体”。

③正文是公文的核心部分，用来表述公文的具体内容，正文内容一般分开头、事项、结尾三部分。公文首页必须显示正文，正文一般用 3 号仿宋体字，每自然段左空 2 字；数字、年份不能回行。

知识链接

正文普遍存在的问题如下：

一是引用公文格式不对。应当先引标题，后引发文字号。例如：“据×办〔2019〕12 号文《关于××××××的通知》”，其引用文号的方法就是不符合规定的，正确的引用方式应为“据《关于××××××的通知》（×办〔2019〕12 号）”。

二是文件层次结构不对。用数字表示多层次结构序数，其标识方法为：第一层用“一、”“二、”“三、”……第二层用“（一）”“（二）”“（三）”……第三层用“1.”“2.”“3.”……第四层用“（1）”“（2）”“（3）”……目前，一些公文序数数词仍然存在使用不规则的情况，要注意序数数词的写法，“一、”下面是顿号，“1.”下面是圆号，而“（一）”和“（1）”括号外面不带顿号和点号。意见等公文为了便于查阅引用，第一层用“一、”“二、”“三、”……第二层用“1.”“2.”“3.”一条龙排队。

三是结束语。颁发性、转发性、指示性的通知，因提出了具体的执行要求(如请贯彻执行，请遵照执行)。意尽言止，自然结束。任免性通知，属告知性质，最后用“特此通知”回行空两格作结。通告可写“特此通告”。公告可写“现予公告”。请示可写“以上请示如无不妥，请批转有关单位贯彻执行”“可否，请批示”“当否，请指示”“请审批”。批复可写“此复”。函可写“特此函告”“请研究后函复”“请同意”“请批准”。

④附件是指附属于公文正文的有关文件或者材料。

公文如有附件，应在正文下空一行，左空 2 字的位置，用 3 号仿宋体字标识“附件”，后标全角冒号和名称。附件名称后不加标点符号。附件应在公文成文日期之后，另起一页与正文一起装订，并在附件左上角第二行顶格标识“附件”，有序号时还要标识序号，例如“附件 1”“附件 2”等。

⑤成文日期以负责人签发和会议通过的时间为准，不能以文件起草时间为准。《国家行政机关公文格式》规定公文成文时间应用汉字将年、月、日标全，“○”不能写为“零”，一般置于正文右下方。中国共产党机关公文未明确，根据惯例一般用数字标全。成文日期具体的上下位置依印章来定，左右位置由字数来定，一般右空 2~4 字。

⑥公文生效标识（印章）是公文的生效标识。单一机关制发的公文在落款处可不署发文机关名称，只标识成文时间，并加盖印章（党的机关公文署名），印章下弧压在成文日期上。公文除会议纪要和普发性文件外，均应加盖印章。公文所盖的印章一定要与发文机关的名称一致，因故需用别的印章代替时，应注明“代”字。加盖印章应端正、居中下压成文时间。

⑦附注一般是对公文的发放范围及使用时注意事项等情况的说明。例如：“此件发至省、军级”“此件发至县、团级”等。公文如有附注，一般用 3 号仿宋体字，居左空 2 字加圆括号标识在成文日期下一行。按照《国家行政机关公文处理办法》规定，请示性的公文应当在附注处注明联系人和联系电话。

（3）版记。包括：主题词、抄送机关、印发机关和印发时间、份数、版记中的反线。

①主题词的标引按类别词、类属词、文种的顺序排列，“主题词”用 3 号黑体字，居左顶格标识，后标全角冒号；词目用 3 号小标宋体字，词目之间空 1 字，不用标点分隔。一般情况下，一篇公文可标 1~5 个主题词，但最多不超过 5 个。上报的公文按上级部门的主题词表选用。在词表中找不出准确反映主题内容类属的词时，应在确定词的后面加“△”，以便区别。

②抄送机关指除主送单位外需要执行或知晓公文的其他单位，应当使用全称或者规范化简称、统称。抄送用 3 号仿宋体字在主题词下一行左空 1 字处标注，抄送单位间用顿号隔开，回行时与冒号后的抄送单位对齐，并在最后一个抄送单位后标句号。排列顺序一般为：上级机关单排一行，党政机关、军事机关、人民团体、民主党派等合排一行，人大、政协、法院、检察院等合排

一行，其他单位合排一行。实际中，同级机关也可按党委、人大、政协、法院、检察院、其他单位的顺序排列。如果主送机关移至“主题词”之下，标识方法同抄送机关。禁止使用“抄报”“报送”和“抄发”，更不要抄送领导同志个人。

③印发机关和印发时间：印发机关多数不以行文机关名称出现，而只用机关办公室名称。印发机关位于抄送机关之下占 1 行位置，用 3 号或者 4 号仿宋体字。印发机关左空 1 字，印发时间右空 1 字。印发时间以公文付印的日期为准，用阿拉伯数字标识。

④份数置于印发时间的正下方，写“共印××份”，用圆括号括上，右空 3 字，用 3 号仿宋体字和阿拉伯数字标识。

⑤版记中的反线：版记置于公文最后一页，版记的最后一个要素置于最后一行。版记各个要素之下，均加一条黑色间隔横线，即反线，其与版心同宽。

课后练习

一、填空题

1. 公文用纸采用国家标准纸型，一般每面排______行，每行排______个字。

2. 通用公文由______、______、______三部分组成。

3. 通用公文的眉首包括：______、______、紧急程度、发文机关标识、______和______。

4. 通用公文的版记包括：主题词、______、______、份数和______。

二、选择题

1. 秘密等级、保密期限和紧急程度用（　　）。

A. 4 号仿宋体字　　B. 3 号仿宋体字

C. 3 号黑体字　　D. 3 号宋体字

2. 公文排版附件用（　　）。

A. 4 号仿宋体字　　B. 4 号仿宋体字

C. 3 号仿宋体字　　D. 3 号宋体字

3. 公文份数序号用阿拉伯数字顶格标识在版心（　　）。

A. 左上角第一行　　B. 左上角第二行

C. 右上角第一行　　D. 右上角第二行

4. 秘密等级分为（　　）。

A. 绝密　　　B. 机密　　　C. 秘密　　　D. 保密

5. 发文字号用（　　）标注在发文机关标识下（　　）排列。

A. 4 号仿宋体字　空一行　　　B. 4 号仿宋体字　空二行

C. 3 号仿宋体字　空二行　　　D. 3 号宋体字　空一行

任务四　通用公文的制发程序

通用公文的制发程序又叫发文办理。《办法》规定："发文办理指以机关名义制发公文的过程，包括：草拟、审核、签发、复核、缮印、校对、用印、登记、分发等程序。"我们在本任务中主要介绍草拟、审核、签发和复核程序。

1. 草拟

草拟就是拟写公文草稿。草拟公文的主要要求如下：

（1）符合国家的法律、法规及其他有关规定。

（2）情况确实，观点明确，表述准确，结构严谨，条理清楚，字词规范，标点正确，篇幅力求简短。

（3）人名、地名、数字、引文正确。引用公文应当先引标题，后引发文字号。引用外文应当注明中文含义。日期应当写明具体的年、月、日。

（4）结构层次序数，第一层为"一、"，第二层为"（一）"，第三层为"1."，第四层为"（1）"。

（5）单位应该使用国家法定计量单位。

（6）文内使用简称，应该先用全称，并注明简称。

（7）公文中的数字，除成文日期，部分结构层次序数和在词、词组、惯用语、缩略语及具有修辞色彩语句中作为词素的数字必须使用汉字外，都应当使用阿拉伯数字。

2. 审核

审核就是对公文文稿进行审查核定。公文送负责人签发之前，先由办公厅（室）进行审核。审核的重点：行文方式是否妥当；是否符合行文规则和拟制公文的有关要求；公文格式是否符合《办法》的规定。

3. 签发

签发就是负责人对已经审核的文稿予以审定，签字，准予印发。以本机关名义制发的上行文，由主要负责人或者主持工作的负责人签发；以本机关名义制发的下行文或者平行文，由主要负责人或者主要负责人授权的其他负责人签发。

4. 复核

复核就是再次对公文制发的工作环节进行审查核对。公文正式印制前，文秘部门必须对公文文稿进行复核。复核的重点：签发手续是否完备，附件材料是否齐全，格式是否统一、规范等。复核是发文过程的最后一道把关环节，经过复核需要对文稿进行实质性修改的，应按照程序进行复审。

完成以上工作，公文就可以进行缮印、校对、用印、登记、分发。

5. 缮印

缮印指的是把校对并修正好的校样，通过油印机、印刷机或打印机印制成规范的正式的文件。

6. 校对

公文校对是在公文办理过程中，以签发的文稿为标准，对打印的清样进行核对的工作。公文校对是确保行文规范，内容准确，避免发生纰漏的一个重要环节，是把好公文质量关的有效手段。

7. 用印

用印，指的是在缮印好的文件上盖公章。

8. 登记

登记，指的是对复核后的公文，应当确定发文字号、分送范围和印制份数并详细记载。

9. 分发

分发，指的是公文印制完毕，应当对公文的文字、格式和印刷质量进行检查后分发。

课后练习

一、填空题

通用公文的制发程序包括：______、______、______、复核、______、______、______、______和______。

二、选择题

1. 公文审核的重点是（　　）。

A. 行文方式是否妥当　　B. 是否符合行文规则

C. 是否符合拟制公文的有关要求　　D. 公文格式是否符合《办法》的规定

2. 公文复核的重点是（　　）。

A. 签发手续是否完备　　B. 附件材料是否齐全

C. 格式是否统一、规范　　D. 信息内容是否合法

项目二　常用行政公文

行政公文是公务文书的简称，是法定机关与组织在公务活动中，按照特定的体式、经过一定的处理程序形成和使用的书面文件，具有一定的权威性，有特定的行文格式、行文规则和办理办法。常用的行政公文有请示、函、报告、通知等。

任务一　请示

任务描述

江州市教育局经过会议讨论，为了贯彻落实省委省政府关于大力发展现代职业教育的要求，进一步推进江州市职业教育发展，市教育局计划于每年5月份举办“职业教育活动周”活动，要求市内直属职业院校参加，并邀请企业参与，通过活动展示当代中职生风采、职业教育成果，推进校企合作，促进职业教育发展。会后，市教育局办公室主任要求职员李安马上向上级部门写一份公文，请求上级的批准。

任务分析

（1）写这份公文，应该用什么文体？

向上级请求批准、指示等，用请示。

（2）上级是谁？

市教育局受双重领导，直接上级领导机关是市人民政府，业务上的上级机关是省教育厅。因为这里是举办全市性的活动，需要同级其他职能部门的配合。因此，要向市人民政府请示。

（3）请求批准的事项是什么？

“职业教育活动周”涉及市内的各个职业学校，要求企业参与，其他部门配合，必须征得上级部门的同意，才能调动各方面的力量办好这次活动。所以，请求批准的事项应该是举办“职业教育活动周”。

（4）为什么要举办“职业教育活动周”，原因是什么？

只有写清楚举办“职业教育活动周”的原因或者目的、依据，才能帮助上级部门准确判断是否可行。因此，请示的缘由要写得客观、充分、合理。政策依据、工作需求、现实需要等都可以作为缘由。

知识链接

1. 请示的概念

请示是用于向上级机关请求指示、批准的公文，属于上行文。凡是本机关无权、无力决定和解决的事项可以向上级请示。

请示可分为三种：请求指示的请示、请求批准的请示和请求批转的请示。

小提示

应用文按照行文关系、文件去向分为以下三种：

一是上行文，指下级机关向所属上级机关的发文，如请示、报告，其行文方式有逐级行文、多级行文、越级行文三种。

二是下行文，是上级机关向所属的下级机关的行文，其行文方式有逐级行文、多级行文、直达基层行文三种，如批复、通知等。

三是平行文，指平行机关或不相隶属的机关之间的发文，如函。

2. 请示的特点

（1）一文一事。

请示行文必须一文一事。如果要请示几件事，就只能分开写请示。请示只能请上级答复一个事项，解决一个问题。“一文多事”可能会因情况不同、政策不同等原因导致上级难以答复。

（2）请批对应。

一个请示对应一个批复。请示的目的是请求上级批准或指示。因此，上级在接到请示时，必须及时做出明确的答复，否则下级就无法开展工作。

（3）事前行文。

请示应具有超前性，给上级留出研究和答复的时间。即使情况紧急，也应等上级作出明确答复后再付诸实施，不能“先斩后奏”。

（4）不能越级请示、多头请示。

请示应逐级向上级递送，如果越级请示会出现主管部门不了解情况，反而拖延时机的现象，如因特殊或紧急情况必须越级请示，也要同时将请示抄送给越过的机关。一份请示只能送一个上级机关，如果同时分送不同的上级机关或领导，会导致互相推诿或扯皮的现象，事情反而得不到解决。

3. 请示与报告的区别

请示与报告是两种完全不同的应用文体，很多人在实际工作中将请示和报告混为一谈，甚至有人在写作时将标题写成“关于××的请示报告”，这些都是错误的。请示与报告的区别主要有以下几个方面：

（1）行文目的不同。

请示用于向上级机关请求指导、批准，上级机关接到请示后一定要给予批复；报告用于向上级机关汇报工作，反映情况、提出建议，供上级了解情况，为上级提供信息和经验，上级机关接文后，不必给予批复。

（2）行文内容不同。

请示内容具体单一，要求一文一事，必须提出明确的请求事项。报告内容较广泛，可一文一事，也可反映多方面情况。

（3）行文时机不同。

请示要有超前性，必须在事前行文。报告一般汇报的是正在发生或者已经完成的事情，可以事中行文，也可以事后行文。请示具有较强的时效性，而报告对时间限制的要求没有那么严格。

小提示

发文机关是指发出这份公文的机关。

主送机关是指公文的主要受理机关。

抄送机关是指主送机关外需要执行或知晓公文的其他机关。

能力训练

1. 请示的结构与写法

请示一般由标题、主送机关、正文、落款、成文日期和附注六部分组成。

（1）标题。

请示的标题一般有两种写法，具体如下：

一是发文机关名称+事由+文种。这里的事由指请示的事项。例如：江州市教育局关于重新整修档案室的请示。事由前一般要加“关于”两个字引出事由。

二是事由+文种。例如：关于更换办公电脑的请示。

（2）主送机关。

请示的主送机关是指负责受理和答复该文件的上级机关。每件请示只能写一个主送机关，不能多头请示，也不能越过上级机关越级请示。

主送机关与标题之间隔一行顶格书写，后加冒号。

（3）正文。

一般由开头、主体和结语三部分组成。

①开头，主要交代请示的缘由。请示的缘由一般包括：请示的背景、原因、依据或者目的等。请示的缘由必须写得客观、具体、合理、充分，只有请示的缘由写得有理有据，才能帮助上级领导更好地做出决断，并给予有针对性的批复。

②主体，主要说明请示得事项。它是向上级机关请求指示、批准或答复的具体内容，请求的事项必须写得明确、具体、单一，以便上级机关给予明确的答复。

③结语，指请示的结束语，一般另起一段，用“当否，请批示”“妥否，请批复”“以上请示，请予审批”或“以上请示如无不妥，请批转各地区、各部门研究执行”等结束。

（4）落款。

写在正文的右下方，写发文机关名称的全称，要与公章上的名称一致。标题写明发文机关的，这里可不再写发文机关，但需加盖单位公章。一般以部门或单位名义写的请示需要加盖公章。公章是公文生效的标识。

（5）成文日期。

成文日期指公文定稿付印的日期。发文机关名称和成文日期要与结语部分隔一行，写在右下方，成文日期在发文机关名称的下一行。成文日期要写完整，如2019年6月28日。

（6）附注。

附注在成文时间下一行居左空 2 字，加圆括号注明发文机关的联系人姓名和电话。

小提示

公文如有附件，在正文下空一行左空2字用3号仿宋体字标识“附件”，后标全角冒号和附件的名称。

附件如有序号使用阿拉伯数字(如“附件：1. ××××××”)；附件名称后不加标点符号。附件应与公文正文一起装订，并在附件左上角第一行顶格标识“附件”，有序号时标识序号；附件的序号和名称前后标识应一致。

2. 参考例文

关于开展“青春国学荟——中华经典诗文朗诵比赛”的请示

校长室：

为了深入学习贯彻习近平新时代中国特色社会主义思想，培养我校学子志存高远、德才并重、情理兼修的精神品格，让学生自觉接受中华优秀传统文化熏陶，丰富校园文化内涵，弘扬传统国学经典，提升中职生文化品位和人文素养，语文组拟以全市“职业教育活动周”为契机，每年在活动周期间开展“青春国学荟——中华经典诗文朗诵比赛”，积极推动国学经典诵读活动进课堂、进校园、进家庭。具体活动方案见附件。

以上请示妥否，请指示。

附件：青春国学荟——中华经典诗文朗诵比赛方案（略）

语文组

2019 年 4 月 10 日

（附注：联系人：谭筱，联系电话：139××××××××）

3. 练一练

请根据请示的结构与写法及任务分析和例文参考，练一练，完成任务一。

课后练习

一、选择题

1. 请示可分为（　　）。

A. 请求指示的请示　　B. 请求批准的请示

C. 请求批转的请示　　D. 请求答复的请示

2. 请示的标题写法正确的是（　　）。

A. 解决办公用电脑的请示

B. ××学校请求招聘新教师的请示

C. 关于解决学生宿舍区饮用水的请示

D. 江州市文化局关于一些事项的请示

3. 请示属于（　　）。

A. 上行文　　B. 平行文　　C. 下行文　　D. 事务文书

4. 每件请示只能写（　　）个主送机关。

A. 1　　B. 2　　C. 3　　D. 4

5. 某县政府为发展当地经济，拟建设一个高新科技园区，应该向（　　）请示。

A. 省政府　　B. 市政府　　C. 省财政厅　　D. 省人大

二、判断题

1. 请示一般一次只能写一项事情，不能将几件事情混在一起请示。（　　）

2. 如果遇到紧急情况，可以越级请示，主管上级部门不需要知道。（　　）

3. 请示和报告既有区别又有相似，特殊时候请示可以和报告内容写在一起。（　　）

4. 请示属于上行文，请示的事项需要上级部门批准后才能执行。（　　）

三、写作题

宏远贸易公司销售部工作人员目前所用的电脑都是十年前购买的，由于使用时间太久，大部分电脑运行都非常缓慢，严重影响了部门人员办公的效率。

你作为销售部经理助理，请向公司写一份请示，请求更换一批新的电脑。

任务二　函

任务描述

江州市教育局拟于2019年5月中旬举办“职业教育活动周”，活动需要邀请10家有校企合作意向的企业参加，办公室主任对李安说：“你拟一份公文，请市人社局帮我们邀请企业参加。”李安马上着手起草公文。

任务分析

（1）市教育局和市人社局是什么关系？需要用什么公文？

市教育局和市人社局是平行机关，不相隶属的关系，应该用“函”行文。

（2）市教育局要与市人社局商洽的事项是什么？

市教育局需要市人社局协助邀请10家有校企合作意向的企业参加“职业教育活动周”。

（3）市教育局在行文时，语言表达方面应该注意什么问题？

由于市教育局和市人社局是平行机关，又是需要市人社局协助解决问题。因此，在行文时切忌使用命令式的口吻，语气应该平和有礼，不能强人所难，也不必恭维客套。事项的表述应该简洁明了。

知识链接

1. 函的概念

函是不相隶属机关之间商洽工作、询问和答复问题或者向有关部门请求批准与答复审批事项时所使用的公文。不相隶属机关是指在行政组织系统中没有上下级关系的机关。

2. 函的分类

函可以从不同角度分类，具体如下：

一是按性质分为公函和便函两种。公函用于机关单位正式的公务活动往来，有规范的格式要求；便函则用于日常事务性工作的处理，对格式要求不严格，写法比较简便灵活，不属于正式公文。

二是按行文去向分为发函和复函两种。发函即主动提出事项所发出的函；复函则是针对来函所提出的事项作出答复的函。

三是按内容和作用分为商洽函、问答函和请批函。

商洽函，指平行机关或不相隶属机关之间相互商洽、协调某一事项的函。例如：《××市人力资源和社会保障局关于商洽举办高层次人才交流活动的函》。

问答函，指询问函和答复函。不相隶属机关之间就工作问题进行询问或答复的函。例如：《关于征询〈“有为青年”联谊活动方案〉意见的函》。

请批函，向不相隶属的主管部门请求批准或主管部门向不相隶属的机关单位答复审批事项的函。例如：《关于请求确保高考期间电力供应的函》。

3. 函的特点

（1）平等性和沟通性。

函主要用于不相隶属机关之间互相商洽工作、询问和答复问题，体现了双方平等沟通的关系，这是上行文和下行文所不具备的特点。即使是向有关主管部门请求批准的函，但由于双方属于不相隶属关系，因此，姿态、语气和措辞都要不卑不亢、平和有礼、朴实诚恳，要体现平等沟通的特点。

（2）灵活性和广泛性。

函对发文机关的资格要求很宽松，高层机关、基层单位，党政机关、社会团体、企事业单位，均可发函。函的内容和格式也比较灵活，而且不限于平行行文，所以运用得十分广泛。

（3）单一性和实用性。

函的内容必须单一，一函一事，便于受文机关有针对性地明确答复。函不需要在原则、意义上进行过多的阐述，不重务虚重务实。

能力训练

1. 函的结构和写法

函一般由标题、主送机关、正文、落款和成文日期五部分组成。

（1）标题。

①发文机关名称+事由+文种。例如：《宏远信息技术有限公司关于商洽毕业生顶岗实习的函》。

②事由+文种。例如：《关于商请协助开展“知识产权进校园”工作的函》。

（2）主送机关。

主送机关，指的是收文并办理来函事项的机关单位。主送机关在文首顶格写明全称或者规范化简称，其后用冒号。

（3）正文。

正文，一般由开头、主体、结尾和结语等部分组成。

①开头，一般说明发函的缘由。交代清楚发函的目的、根据、原因等内容，然后用“现将有关问题说明如下”或“现将有关事项函复如下”等过渡语引出下文。复函的缘由部分，一般首先引述来文的标题、发文字号，然后再交代根据，以说明发文的缘由。

②主体，指发函要说明的具体事项，是函的核心内容部分。函的事项部分内容要单一，一函一事，要说得简洁明了，不拖泥带水。无论是商洽工作、询问还是答复问题或者是向有关主管部门请求批准事项，都要用简洁得体的语言把问题、意见写清楚。如果属于复函，还要注意答复事项的针对性和明确性。

③结尾，一般用礼貌性语言向对方提出希望或请对方协助解决某一问题以及请对方及时复函、请对方提出意见、请主管部门批准等。

④结语，通常应根据发函的事项，选择不同的结束语。例如：“特此函询（商）”“请即复函”“特此函告”“特此函复”等。

（4）落款。

落款，指发出函的机关名称。公函发出前要加盖公章。

（5）成文日期。

成文日期，函定稿付印的日期。日期要写完整。

2. 参考例文

江州市教育局
关于商洽校企合作采访事宜的函

汇泉科技有限公司：

为了更好地展示近年来我市企业在职业教育改革与发展中的重要地位及主

体作用，我局将与《江州日报》合作，在5月份全市“职业教育活动周”期间，开辟专版刊登有关企业在校企合作方面的新模式、新探索、新成果。由于贵公司在校企合作方面一直走在全市的前列。因此，近期我局拟安排人员到贵单位进行采访，现将有关事项说明如下：

采访时间：2018年4月25日上午9时。

采访人：林伟峰记者

联系电话：139××××××××

特此函达，请予接洽为盼。

江州市教育局

2018年4月20日

3. 练一练

请根据函的结构与写法及任务分析和例文参考，练一练，完成任务二。

课后练习

一、填空题

1. 函是______之间______、询问和答复问题或者向有关部门请求批准与______时所使用的公文。

2. 函按内容和作用分，可分为______、______、______。

3. 函的特点有______、______、______。

二、选择题

1. 某市财政厅拟在本系统内举办一次财务知识竞赛活动，特向某学校借用教室两间，其行文时应用（　　）。

A. 问答函　　B. 商洽函　　C. 请批函　　D. 批答函

2. 邀请函和商洽函性质上的最大区别是（　　）。

A. 商洽函是公文，邀请函是礼仪性文书

B. 邀请函有称谓，商洽函没有称谓

C. 邀请函不具备约束性，商洽函具有约束性

D. 邀请函是上行文，商洽函是下行文

3. 商洽函拟写的过程中，语气切忌（　　）。

A. 平和　　B. 强硬　　C. 谦逊　　D. 委婉

三、写作题

江州市第二职业技术学校校长一行12人拟于2018年6月20日上午到江州市第一职业技术学校拜访，参观学习第一职业技术学校的校园文化建设，请你代表江州市第二职业技术学校以函的方式与江州市第一职业技术学校商洽参观学习事宜。

任务三　报告

任务描述

江州市教育局举办的“职业教育活动周”活动圆满落下了帷幕，办公室主任对李安说：“按照市政府的批复要求，活动结束后我们要写一份公文向市政府汇报一下活动的整体情况。你马上收集相关材料，着手起草文件吧。”

任务分析

（1）市教育局向市政府汇报情况，用什么公文？

市政府是市教育局的上级机关，下级机关向上级机关汇报工作、反映情况、答复询问应使用报告。

（2）市教育局要向市政府汇报什么情况？

市教育局要按照市政府批复中的要求，向市政府汇报“职业教育活动周”的整体情况。完成一项工作按要求进行汇报时，应讲清楚做了什么工作、怎样做的、取得了哪些成绩、还存在哪些不足等，要让上级部门全面了解情况。

（3）办公室主任让李安收集材料，李安应该怎么做？

收集材料是公文写作的基础，只有材料充分、全面、客观、真实，才能通过加工整理写出观点明确、有理有据的公文。收集材料要注重日常的积累，首先要立足于本部门、本单位的工作状况，掌握决策的形成和实施情况；其次要着眼于本行业、本系统，兼收并蓄，广泛占有材料；最后收集材料要遵循适度、有用的原则，对占有的材料进行筛选和剔除，必要时要用数据说话。

知识链接

1. 报告的概念

报告是向上级机关汇报工作、反映情况、答复上级机关询问的公文。

报告的使用范围很广，一般在按照上级的部署或工作计划完成工作任务后都会写一份报告，反映工作的基本情况、取得的经验教训、存在的问题以及今后的工作设想等，以期得到上级部门的指导。

2. 报告的分类

（1）汇报性报告。

汇报性报告，指下级向上级汇报工作、反映情况的报告，一般有综合报告和专题报告两类。

①综合报告，一般是就工作的全面情况向上级机关写的汇报性报告，包括：工作基本情况、成绩或问题、经验或教训、今后的工作计划或建议等。这类报告的特点：全面、概括、精练。

②专题报告，针对工作中的某个问题向上级所写的汇报性报告。

（2）答复性报告。

答复性报告，针对上级机关提出的询问或要求而写出的报告。这种报告针对性很强，上级询问什么就答复什么，不要涉及询问以外的问题或情况。

（3）呈报性报告。

呈报性报告，主要指下级向上级报送文件、物件随文呈报的一种报告。一般是一两句话说明报送文件或物件的根据或目的，以及与文件、物件相关的事宜。

（4）例行工作报告。

例行工作报告，下级机关向上级机关定期所写的汇报工作情况的报告。例如：财务报告、月工作报告等。

（5）调查报告。

调查报告，指对某项工作、某个事件或某个问题，经过深入细致的调查后，将调查中收集到的材料加以系统整理和分析研究，以书面形式向组织和领导汇报调查情况的报告。调查报告主要有介绍典型经验类、揭露问题类、反映新生事物类和社会情况类。

3. 报告的特点

(1) 内容的汇报性。

报告是向上级机关汇报工作、反映情况、答复询问时使用的公文，目的在于让上级机关掌握情况后对自己的工作进行指导，所以具有汇报性的特点。

(2) 语言的陈述性。

报告在汇报工作、反映情况时，只需要用叙述性的表达方式，将做了什么工作、怎么做的、取得了哪些成绩、还有哪些不足等一一陈述清楚即可，一定要求实，不能夸大事实或者回避问题。

(3) 行文的单向性。

报告是下级机关单方面向上级机关的上行文，一般不需要上级机关给予批复。因此，属于单向行文。

(4) 沟通的双向性。

报告虽不需批复，却有下级机关以此取得上级机关的支持指导的作用。同时，上级机关也能通过报告获得信息、了解下情，报告是上级机关决策指导和协调工作的依据。

能力训练

1. 报告的结构和写法

报告的结构包括：标题、主送机关、正文、落款和成文日期。

(1) 标题。

①发文机关+事由+文种。例如：江州市教育局关于“廉洁文化进校园”工作情况的报告。

②事由+文种。例如：关于技能人才队伍建设情况的报告。

(2) 主送机关。

主送机关，指负责受理报告的上级机关。报告一般也不越级行文。报告的主送机关只有一个，如还需报送给其他上级机关，可用抄送的形式。

(3) 正文。

报告的正文一般包括：开头、主体和结尾。

①开头，主要写报告的发文缘由，要概括性地说明写报告的原因、目的、

意义或者依据，然后用过渡句“现将有关情况报告如下”引出下文。

②主体，报告的主体要写清报告的事项。这是报告的核心部分，写法比较灵活，但是一般采用“三段式”结构法。

以反映情况为主的报告主要写基本情况、存在的问题、今后的打算；以总结经验为主的报告主要写工作开展的基本情况、总结的经验、简略点出不足之处和改进措施。

以反映问题为主的报告，主要写存在的问题、问题产生的原因、处理意见和改进措施等。

答复性报告则要按照上级机关询问和要求的内容，有针对性地将情况真实、具体、全面地回答出来。

③结尾，报告的结尾比较简单，可以省略不写，也可以展望未来。结语一般用“以上报告，请审阅”，但绝对不能用“以上报告当否，请指示”，将报告和请示混为一谈。

（4）落款和成文日期。

在正文右下方写上发文机关名称和成文日期，加盖公章。

2. 参考例文

江州市第一职业技术学校关于服务外包人才培养情况的报告

江州市商务局：

江州市第一职业技术学校为江州市教育局直属全日制中等职业学校，是国家级重点中等职业学校。学校占地面积约350多亩，现有在校生4 500多人。教职工300多人，学校共开设15个专业，其中11个专业为服务外包相关专业，为江州市服务外包行业输送了大批人才。现将我校2017年服务外包人才培养情况报告如下：

一、基本情况

2017年，我校开设的与服务外包相关的专业共有11个，分别为电子商务、物流服务与管理、计算机应用、软件与信息服务、商务英语、商务助理、高星级饭店运营与管理、市场营销、会计、金融事务、动漫游戏专业，11个专业共有在校生3 117人。学校根据“服务社会、服务企业”的办学宗旨，不断加大对各专业部有关服务外包培训课程的优化，加大对设施设备的投入和师资培训力度，以更好地提升学生从事服务外包工作的能力。引导和鼓励学生参加服务外包职业技能认证，考取相应技能证书，增强学生的择业能力。毕业生双证书获取率为87%以上。

二、主要做法和效果

（一）优化课程设置，不断深化办学内涵

学校在进行课程设置时，充分听取合作企业的意见和建议，确保课程设置符合企业用人需求。定期根据学校就业处反馈的意见对课程设置进行研讨，核心课程和基础课程符合人才培养目标，符合社会需求和企业用工需求。根据市教育局教学诊断与改革的要求，对专业人才培养方案进行重新审视和调整，力求专业建设和专业课程设置紧贴时代发展和企业实际。邀请企业人员作为兼职教师参与专业教学与管理，将企业对学生专业技能的掌握程度要求纳入专业培养目标，不断深化学校的办学内涵，培育更具竞争力和更符合企业需求的服务外包人才。信息技术部还与联想集团共同开发了微机组装与维护、计算机系统集成、IT服务职业技能、LCSE-职业技能、计算机硬件维修、LCSE-IT服务与产品运维6门企业课程，进一步优化了课程设置，提升了育人效果。

（二）积极开发教材，不断提升教学能力

学校立足本校实际，在校企共同培育服务外包人才的过程中，结合企业用人需求和时代发展对学生专业技能的要求，校企共同开发培训教材，满足人才培养需要。2017年，信息技术专业部开发了《3D MAX室内效果图制作》《平面广告设计》《网络综合布线》《网站后台开发》《网站前台设计》等教材；物流电商专业部与江州中源物流咨询有限公司共同开发一体化课程《仓储与配送作业》，与菲林家具有限公司共同开发一体化课程《工厂物料管控》，与新达实业有限公司共同开发一体化课程《进出口报关报检》，与德邦物流共同开发一体化课程《物流运输操作》，这四门课程都建设了课程标准、开发了校本教材；高星级饭店运营与管理专业与江州皇冠假日酒店共同开发了《掌握服务的艺术年度集训手册》等。这些校本教材极大地丰富了专业教学的内容，使得专业教学更贴近企业的需求，既提升了学生的专业水平，也极大地提升了企业的经营效益。

（三）校企共育人才，不断提高毕业生质量

学校紧贴企业需求办学，校企合作共育人才成为学校最显著的办学特色。学校信息技术部针对计算机应用专业人才培养中存在的问题，把计算机应用专业列为重点建设专业，在计算机应用专业开设“联想专班”，并与联想集团开展“大企业，精合作”，通过创新“校企融合、教产一体”人才培养模式，专业人才培养质量有了显著提升。高星级饭店运营与管理专业与江州皇冠假日酒店合作，在2016年成立完整教育周期的订单式企业冠名班。以学生全面成才为中心，结合教学规律、行业标准，塑造学生能力服务模型、管理模型、商业模型，打造职业信仰、知行合一、校企联动型教学、行业化教学评价四大驱动机制，创立“校企联动，深度融合”的校企合作模式，帮助学生提升职业能力和职业素养，以达到酒店认可的准职业人标准，人才培养效果良好。

（四）与服务外包协会合作，共谋人才培养

学校与江州市服务外包协会建立了长期合作关系，由协会对学校服务外包相关专业课程设置及专业教学进行把脉，力求专业培养能适应服务外包行业的发展。2017年市服务外包协会多次到校，与相关专业部长及专业负责人共同探讨共建人才储备基地事宜。计划在我校开辟出200平方米左右的场地，与协会中的服务外包类企业共建实训场室，与协会共同培养服务外包类人才，将企业的项目引入培训课堂，经过2到3个月的培训，让学生能够真正上岗，与企业实现无缝对接，共同培育企业需要的服务外包类人才。

三、不足之处与未来展望

我校服务外包人才培养取得了一定的成绩，但是也存在着一些不足和问题，如专业教学与企业的需求之间仍然存在着差距，需要更贴近服务外包类企业的需求；与服务外包协会的合作应再更进一步，扩大合作的范围和内涵等。

2018年，我校将从以下几个方面弥补不足，加快服务外包人才培养的步伐：略。

江州市第一职业技术学校

2018年6月8日

3. 练一练

请根据报告的结构与写法及任务分析和例文参考，练一练，完成任务三。

课后练习

一、填空题

1. 报告的概念：______。
2. 报告的分类：______、______、______、______、______。
3. 报告的特点：______、______、______、______。

二、写作题

广州市宏达贸易公司刚刚举办了一期新入职员工培训班，公司总经理王总向培训部询问培训情况。你是培训部经理助理，请你以报告的形式向总经理回复培训的时间、课程内容、培训形式、培训效果等。

任务四　通知

任务描述

江州市教育局经过前期紧张的筹备，“职业教育活动周”的各项工作都已安排妥当。为了确保各市直属职业院校广泛参与到活动中来，江州市教育局拟发文，明确各项活动的时间、地点以及联系人方式，并提前掌握报名参与情况。办公室主任让李安马上着手起草文件。

任务分析

（1）这份公文是要公布活动的时间、地点以及联系人方式，应该用什么文种？

向特定的对象告知有关事项，让对象知道或执行，用通知。

（2）这份公文的对象是谁？

各市直属职业院校。

（3）这份公文发文的目的是什么？

明确各项活动的时间、地点以及联系人方式，并提前掌握报名参与情况。

（4）这份公文有什么执行要求？

要求各市直属职业院校都积极参与到“职业教育活动周”中来。

知识链接

1. 通知的概念

通知是向特定受文对象告知、转达有关事项或文件，让对象知道或执行的公文。

2. 通知的类型

（1）发布性通知。

发布性通知用于发布行政规章制度及党内规章制度。例如：《教育部关于印发〈普通高等学校师范类专业认证实施办法〉的通知》。

（2）批转转发性通知。

批转转发性通知是适用于批转下级机关的公文，转发上级机关和不相隶属机关的公文。例如：《国务院办公厅转发商务部等部门关于扩大进口促进对外贸易平衡发展意见的通知》。

（3）任免性通知。

任免性通知用于任免和聘用干部。例如：《关于孙成才等同志职务任免的通知》。

（4）指示性通知。

指示性通知是上级机关对下级机关如何开展工作进行部署、指示与指导的通知。例如：《江州市人力资源和社会保障局关于使用省创业培训质量监控信息系统的通知》《广东省教育厅关于开展2018年全省职业院校评估工作的通知》。

（5）事务性通知。

事务性通知包括：事项通知和会议通知。事项通知是向下级机关和有关单位传达要求、周知或执行事项的通知。会议通知是向有关人员或单位知照某一会议时间、地点及会议要求时使用的通知。例如：《关于在全区中小学开展“书香文化节”活动的通知》《江州市教育局关于召开党员民主生活会的通知》。

3. 通知的适用范围

通知的应用极为广泛。下达指示、布置工作、传达有关事项、传达领导意见、任免干部、决定具体问题，都可以用通知。上级机关对下级机关可以用通知；平行机关之间有时也可以用通知。

能力训练

通知的结构和写法

通知的结构包括：标题、主送机关、正文、落款和成文日期。

（1）标题。

①发文机关+事由+文种。例如：《江州市第二职业技术学校关于开展消防安全演练的通知》。

②事由+文种。例如：《关于开展消防安全演练的通知》。

③文种。有的通知发文范围比较小，内容比较简单，甚至张贴出来即可，这样的通知标题可以只用文种“通知”两个字。

（2）主送机关。

有具体的主送机关的通知，写清发文的对象机关名称即可，但对于普发性的通知一般只写统称，如“省各直属职业院校”；对于发送范围较广，主送机关较多的通知，其主送机关要按照规范排列，不能漏掉某一类对象。例如：《江州市人力资源和社会保障局关于使用省创业培训质量监控信息系统的通知》的主送机关“各分局、市劳动就业服务中心，各创业培训定点机构”，其主送机关由于级别、名称不同，排列比较复杂，这类通知在写主送机关时，需要按照规范正确排列。

（3）正文。

事项通知的正文一般由通知缘由、通知事项和执行要求及希望构成。

①通知缘由主要是指发通知的有关背景、依据、目的、意义等。一般用“为了”“根据”“按照”等开头，然后写明决定的事项，最后用过渡句“现将有关事项通知如下”“现将有关安排通知如下”引出下文。

②通知事项是通知的主体部分，主要写明安排工作的内容、具体措施和步骤等，通知的具体内容要开门见山、突出重点、简洁明确，如内容较复杂，则需要分条列款地表达出来。

③执行要求是事务性通知，可以在结尾处提出贯彻执行的有关要求。如无必要，也可以没有这一部分。篇幅短小的通知，一般不需要有专门的结尾部分。

（4）落款和成文日期。

在正文右下方写主送机关名称和成文日期，加盖单位公章。

2. 例文参考

宏远贸易公司关于举办“五四”青年节青年员工登山比赛的通知

全体员工：

值此“五四”青年节来临之际，为了激发全体员工的爱国热情，增进青年员工之间的相互了解，增强公司员工的体质和凝聚力，现决定举办“五四”青年节青年员工登山比赛。具体事项通知如下：

一、比赛时间

2015 年 4 月 30 日上午。

二、比赛地点

广州白云山公园。

三、参赛人员

公司 35 岁以下的青年员工。

四、报名时间

2018 年 4 月 10 日—4 月 20 日。

五、报名方式

采取自愿报名的原则，但是每个部门必须派两名以上青年员工参加此次活动。有意向参赛的员工请到办公室李晓凤处报名。

六、比赛规则

具体比赛规则见附件。

七、奖励方式

本次比赛设一、二、三等奖，一等奖 1 名，奖励现金 1 000 元；二等奖 2 名，奖励现金 500 元；三等奖 5 名，奖励现金 200 元。

八、其他事项

1. 公司全体员工都要参与此次活动，没有参加比赛的人员为本部门的比赛选手做好后勤服务。

2. 2018 年 4 月 30 日上午 8：30，公司全体员工在公司大门口集中上车。统一前往登山大道入口处。

3. 报名参加比赛的人员自备登山服和登山工具。

欢迎全体青年员工踊跃报名。

附件：××公司“五四”青年节青年员工登山比赛规则

宏远贸易公司

2018 年 4 月 9 日

3. 练一练

请根据通知的结构与写法及任务分析和例文参考，练一练，完成任务四。

课后练习

一、选择题

1.（　　）是向下级机关和有关单位传达要求、周知或执行事项的通知。

A. 会议通知　　B. 事项通知　　C. 发布性通知　　D. 指示性通知

2. 会议通知一般要具备的要素有（　　）。

A. 会议时间　　B. 会议地点　　C. 会议议题　　D. 与会人员

3. 宏远贸易公司总经办文员小李发出的一份会议通知，内容是“明天上午在公司三楼会议室召开各部门经理会议，望各部门经理准时出席”。这份通知缺少的关键内容是（　　）。

A. 具体时间　　B. 注意事项　　C. 议事内容　　D. 会议召集人

4. 在会议准备期间，经常用来发布会议有关信息的文种是（　　）。

A. 会议公告　　B. 会议记录　　C. 会议通知　　D. 会议总结

二、写作题

江州市迪科威贸易公司拟于12月中旬召开部门经理会议，总结本年公司的工作情况，并对下年公司的工作进行部署。你是公司总经办的文员，请你拟一份会议通知。

项目三　常用事务文书

事务文书是指机关、单位、团体和个人为处理日常事务使用的除法定公文以外的其他文体。它属于处理公务所运用的一种工具，不过没有公文那么严格、缜密。“凡事预则立，不预则废”。我们在工作、学习、生活中都需要有计划。有了计划，就有了奋斗的目标、行动的方向。

任务一　计划

任务描述

天地公司刚完成本年度招聘工作，准备对新员工进行岗前培训。你作为公司人力资源部经理，请写一份员工培训计划。

任务分析

(1) 员工培训计划属于哪种文种？

属于常用事务文书中的计划。

(2) 员工培训计划应包括哪些内容？

应包括教育目的和内容，员工培训时间，培训项目等内容。

(3) 计划写作中应注意哪些问题？

计划的设置应具备可行性，计划的目标、任务、措施、步骤程序等都要写得明确具体，语言要清晰、简洁。

知识链接

(1) 计划的概述。

“凡事预则立，不预则废”。我们在工作、学习、生活中都需要有计划。有了计划，就有了奋斗的目标、行动的方向。

（2）计划的含义。

计划是各级机关、企事业单位、社会团体和个人对未来一定时期的活动提出预想目标，制定相应措施和要求，以便完成工作或学习任务而写作的一种事务文书。目标、措施和要求称为计划的“三要素”。计划是一个统称，除了一般所说“××计划”之外，常见的“方案”“安排”“打算”“规划”“设想”“要点”等都属于计划类文书。它们的区别主要体现在涉及范围的大小、时限的长短和内容的详略上。在拟写计划时，应根据具体情况选择恰当的名称。

（3）计划的特点。

①预想性。

②可操作性。

③指导性。

（4）计划的类型。

①按内容分，有学习计划、工作计划、生产计划、销售计划、教学计划等。

②按范围分，可分为个人计划、班组计划、部门计划、单位计划、地区计划、国家计划等。

③按时限分，可分为长期计划（计划期一般在5年以上）、中期计划（计划期一般在3年以上、5年以下）、短期计划（年度、季度和月度计划）。

④按性质分，可分为综合性计划、专题计划。

⑤按形式分，可分为条文式计划、表格式计划、条文表格结合式计划。

（5）计划的形式。

①条文式。

②表格式。

③文表结合式。

能力训练

1. 计划的结构和写法

计划一般由标题、正文和落款三部分组成。

（1）标题。

①完整式标题由计划单位名称、时限、内容和文种四要素构成，如《江州大学2018年教学工作计划》。

②省略式标题，即省略单位名称或时限，但不能省略内容和文种。

一是由计划时限、内容和文种构成，如《2017 年信贷计划》。

二是由单位名称、内容和文种构成，如《××集团公司员工培训工作安排》。

三是由计划内容和文种构成，如《业务考核计划》。

四是公文式标题，由单位名称、（关于……的）事由和文种构成，如《××局关于治理商业贿赂的实施方案》。

（2）正文。

计划正文一般由前言、主体和结语构成。

主体一般必须写清以下几方面的内容：

一是目标任务——“做什么”，即某一时段内要完成的工作任务。

二是措施——“怎么做”，写清楚采取何种办法，利用什么条件，由何单位何人具体负责，如何协调配合完成任务。

三是步骤程序——“何时完成”，即写明实现计划分几个步骤或几个阶段。

小提示

处理方式：目标、措施、步骤程序，可分开写，也可措施和步骤程序放在一起写。根据计划的内容和表述需要，选择写条文式、图表式或条文图表结合式。在正文不便表述的内容，另作“附件”。

计划的结语写法：简短有力。可以说明计划的执行要求；也可以提出希望或号召；也有的计划不专门写结语。

（3）落款。

落款包括：署名和时间两个项目。

有附件的计划，附件名称应注于正文之后，署名的左上方。

2. 计划写作要求

（1）服从大局，统筹兼顾。

要走群众路线，以保证计划的认同度和可行性。

（2）实事求是，从实际出发。

要把预测性和可行性很好地结合起来。

（3）突出重点，主次分明。

语言要准确、明晰。

（4）目标明确，步骤具体。

计划的目标、任务、措施、步骤程序等都要写得明确具体，切忌含糊不清、模棱两可。

3. 参考例文

天地公司新职工培训指导计划

第一章　教育的目的与内容

1. 教育目的

对企业新录用的职工介绍企业的经营方针，传授本企业职工所必需的基础知识和业务技能，提高其基本素质，使之在较短时间内成为符合要求的职工。

2. 教育内容

（1）明确本企业的生产目的和社会使命。

（2）明确本企业的历史、现状、在产业中的地位和经营状况。

（3）了解本企业的机构设置和企业组织。

（4）掌握本企业的规章制度和厂规厂法。

（5）掌握本企业各部门的业务范围和经营生产项目。

（6）了解本企业的经营风格和职工精神风貌。

（7）了解本企业对职工道德、情操和礼仪的要求。

（8）通过教育培训考察学员的个人能力和专业特长。

第二章　教育实施要领

1. 教育指导者

（1）企业主要领导负责教育指导工作，其他领导参与。

（2）计划的标志和组织实施由总务部或人事部负责。

（3）企业全体职工都应协助教育培训工作。

2. 培训时间

一般为 3 个月，根据实际情况可适当延长或缩短。

3. 编班时间安排

集中培训的时间安排为“上午：8∶30到12∶00；下午：14∶30到17∶30”。实习时间同企业工作时间一致；参观时间视情况而定。

4. 教育方法

（1）专业知识传授采取集中授课的方式。

（2）参观，即根据教员的布置，实地考察，并由学员提交参观报告。

（3）培训日记，即培训期间，要求学员对培训感想和认识做出记录，以提高学员的观察和记录能力。

（4）在培训过程中，尽量让学员接触生产实践，尽量提供更多的参考资料和视听教材。外出参观或实习时，可根据实际需要，重新编班。

第三章　模拟安置

1. 目的

在新职工教育培训期间，根据企业的组织设置，将学员模拟安排到不同部门，以考察其能力和适应的部门，为正式安排提供依据；同时，也使新职工尽快地了解企业情况。

2. 时间

模拟安置时间从培训开始起，到正式安排止。以15天为一周期，全体学员轮流更换工作。

第四章　教育培训实施要领

1. 基础理论教育（略）

2. 实习教育（略）

3. 注意事项

（1）对企业的机构设置、规章制度、生产经营管理系统要作重点介绍。

（2）对各部门的职权范围、工作内容等要作详尽介绍。

（3）要让学员清楚地掌握工作性质和责任。

（4）要使学员真正掌握业务知识。

（5）要重点培养学员的责任心和效率意识。

（6）培养学员的礼仪修养，养成礼貌待人的习惯。

（7）培养学员尊重知识、严肃认真的工作态度。

（8）注意培养学员的集体精神和企业意识。

（9）不应把新职工的教育培训任务仅局限于企业领导，要使全体企业职工参与教育培训工作。

天地公司人力资源部
2018年6月30日

课后练习

一、选择题

1. “凡事预则立，不预则废”讲的是（　　）的作用。

A. 计划　　B. 总结　　C. 规章制度　　D. 通知

2. 制订计划要在深入细致调查研究的基础上进行，确定的目标、措施，应该是经过努力就能做到的。因此，计划应具有（　　）特点。

A. 预见性　　B. 导向性　　C. 可行性　　D. 主观性

二、判断题

1. 制订计划是一种科学的工作和学习方法。（　　）

2. 一般来说，规划是带有全局性的、长远性的和方向性的计划。（　　）

3. 计划除了有明确的目标，还必须指出为完成目标所采取的措施步骤，且措施要切实可行。（　　）

4. 计划主要是靠制订者独立思考、发挥想象、反复推敲制订出来的。（　　）

5. 计划的主体内容概括起来是做什么、怎么做、要做到什么程度。（　　）

三、写作题

为加强员工对公司的归属感，使员工关系更加紧密，请拟写公司季度工会活动计划。

任务二　总结

任务描述

在今年春季交易会上，江州市政府重视纺织品交易市场调研工作，组成工贸结合的调研组。调研人员通过业务洽谈和召开专题座谈会进行调研，取得了一些成绩。基本上弄清了当前纺织品市场情况、供求关系、价格水平。对于当前和今年下半年纺织品市场供求关系与价格趋势较前有更为明确的认识，对一些重点城市和重点商品的产、销、存等情况及趋势进行了调研，积累了资料。请你为江州纺织品交易团写一份总结。

任务分析

（1）总结的结构包括什么？

总结的结构一般由标题、正文和落款三部分构成。

（2）市场调研总结主要内容包括哪些？

调研获得的成果，如当前纺织品市场情况、供求关系、价格水平等数据；调研成果获得的经验；工作出现的问题和改进。

知识链接

1. 总结的含义

总结是各级机关、企事业单位、社会团体和个人对前一段的实践活动进行回顾检查、分析评价，从中找出经验教训和规律性认识，以便指导今后工作而形成的一种书面材料。总结是总结类文书常用的名称，它有时还称为“小结”“回顾”“体会”“经验”“做法”等。

2. 总结的作用

（1）检查工作的必要手段。

单位通过总结能够发现典型，表彰先进，督促后进；个人通过总结能够发现问题，找出差距。因而，总结是检查工作的必要手段。

（2）使感性认识上升为理性认识。

通过总结把一个阶段的实践活动进行分析、研究、归纳，使许多零散的、片面的、肤浅的感性认识形成深刻的观念，认识到事物的本质，掌握事物发展的规律。因而，总结是将感性认识上升为理性认识的手段。

3. 总结的特点

(1) 自述性。

总结是自身实践活动的产物，以第一人称行文，作者是本人或本单位。

(2) 经验性。

总结旨在把实践中的成功经验归纳出来，把教训总结出来。

(3) 说理性。

总结不是对自身工作实践活动的简单陈述，不只是对已做的工作过程和情况的表面反映，它是对工作实践活动的本质概括，要在回顾工作实践全过程的基础上，进行研究分析，找出规律性的东西，从感性认识上升到理性认识，用以指导今后的工作，这正是总结的价值所在。

4. 总结的类型

(1) 按内容分，可分为生产总结、工作总结、科研总结、学习总结、思想总结等。

(2) 按范围分，可分为个人总结、班组总结、部门总结、单位总结、地区总结等。

(3) 按时间分，可分为年度总结、季度总结、阶段总结、月份总结等。

(4) 按性质分，可分为综合性总结、专题性总结。

能力训练

1. 总结的结构

(1) 标题。

①公文式标题，一般由单位名称、时限、内容、文种构成，如《江州文体局 2018 年拥军优属工作总结》。

②文章式标题，以单行标题概括主要内容或揭示主题，不出现“总结”字样，如《我们是怎样吸引客户的》《以改革为中心　严格管理　提高经济效益》等。

③双行式标题，即分正标题和副标题。正标题概括主要内容或主旨，副标题

补充说明单位、时限、内容和总结种类，如《名班主任 立德树人放异彩——阳光小学2018年德育工作总结》。

（2）正文。

总结的正文因内容种类不同，写法也不尽相同。从结构上看，一般由前言、主体、结尾三部分组成。

①前言，又称引言，概况介绍基本情况，交代背景，点明主旨或说明成绩，主要回答“做了什么”的问题。常用“现将有关工作具体总结如下”“一年来，我们主要开展了以下几方面的工作”等语句过渡到下文。

小提示

可以是概述式，概述工作的基本情况或基本成效；可以是结论式，将工作经验的结论先写明；可以是提示式，对总结的内容先作提示，点明总结的范围。

通常简述：工作或任务是在什么形势下，遵循什么思想或方针完成的，有哪些主要成绩，存在哪些主要问题。

②主体。这是总结的核心部分，其内容包括：

• 成绩和经验（即做法或体会）。在什么思想指导下，做了哪些工作，采取了哪些措施，取得了哪些成绩，主客观原因是什么，有哪些体会。成绩和做法是基础材料，经验和体会是重点。

这部分的写法一般有两种：一种是先概述所做的各项工作及其所取得的成绩，然后分析取得成绩的原因，提出主要经验；另一种是在写工作及成绩的同时，写出经验，寓经验于各项工作及成绩之中。有的总结的小标题本身就是经验或体会的概括。在这一部分，应详细地、分门别类地介绍那些独特的、与众不同的、有借鉴意义的做法，以引起别人的注意，回答“怎样做的”的问题。

• 问题和教训。写工作中存在的问题与不足，不同的总结，可以有不同的侧重。反映问题的总结，此部分重点分析其主客观原因，及由此得出的教训；典型经验总结，这部分不写；也可以把这部分内容合并到“努力方向”中去写。常规工作总结，则概括写存在的主要问题。

小提示

总结的主体部分有下列三种结构形式：

①横式结构，也称并列结构，归纳出几个并列的观点，以小标题的形式点明，经验性总结多用此结构。

②纵式结构，也称阶段式结构，即按时间顺序、工作进程或事物发展的逻辑顺序来安排内容。此结构适用于阶段性较强的工作总结，如专题性总结。

③纵横结构是横式结构和纵式结构的综合，每个阶段总结出几条经验，纵横交织，全面总结。内容复杂的综合性工作总结常用这种结构。

• 今后的打算。经过总结经验教训，明确了任务和方向，提出今后的打算。这部分内容应写得比较简略，因为制定解决问题的具体方案是计划的任务。

③结尾。结尾应简短有力，常见的有以下几种写法；

自然式，即正文主体内容结束后，意尽言止，不另写结尾。

总括式，结尾对总结内容进行概括或做出结论。

谦虚式，结尾表示谦虚的态度，如“虽然我们的工作取得了一定的成绩和经验，但还存在不少缺点与不足，跟先进单位相比，还有不少差距，今后要谦虚谨慎，戒骄戒躁，百尺竿头更进一步”。经验总结常用这种结尾。

展望式，结尾表示决心，展望未来，满怀信心，团结一致，争取更大的成绩。大会总结常用这种结尾。

(3) 落款。

落款包括：署名和时间两项内容。在正文右下方写明总结的单位名称（个人姓名）和具体日期。例如：标题中已注明单位名称，此处可以省略；也可以在标题下面署名。

2. 总结写作要求

(1) 材料充分，实事求是。

为保证总结的观点正确、内容充实，资料充分、全面掌握情况是写总结的首要前提。实事求是是总结写作时应有的态度。写总结是为了使人了解工作的真实情况，总结的内容必须真实准确，做到反映成绩不夸大其词，总结经验不随意拔高，指出问题不敷衍了事，申明教训不浮于表面。

（2）善于分析，找出规律。

要善于分析材料，从掌握的事实和材料中探求规律，这样的总结才有意义。例如：记流水账一样罗列材料或一味地就事论事，写出的总结就不可能对今后的工作有太大的指导意义。

（3）合理取舍，突出重点。

撰写总结，要根据具体的写作目的和工作状况的特点取舍内容，确定重点，各方面的内容不能平均使用笔墨，而要有所侧重，要做到重点工作重点总结，避免采用面面俱到、泛泛而谈的写作方式。

（4）叙议得当，结构严谨。

叙议得当是总结在表述上的特别要求。应以叙述为主，叙议结合。一般在交代工作的过程、列举典型事例时，以叙述为主；在分析经验教训、指明努力方向时，则多发议论。

3. 参考例文

江州市纺织品交易团
2018年春季交易会调研工作总结

在今年春季交易会上，我纺织品交易团重视调研工作，组成工贸结合的调研组。调研人员通过业务洽谈和召开专题座谈会进行调研，取得了一些成绩。

1. 本届调研会工作取得的成绩

（1）通过调研，基本上弄清了当前纺织品市场情况、供求关系、价格水平，对搞好本届交易会的业务成交起到了良好的作用。

（2）通过调研，对于当前和今年下半年纺织品市场供求关系与价格趋势较前有更为明确的认识，有利于完成全年的经营计划，为领导确定经营决策、制定措施提供了参考。

（3）对一些重点城市和重点商品的产、销、存等情况及趋势进行了调研，积累了资料，有利于今后进行系统研究。

（4）调查了解国外纺织品和服装的品种、花色、款式等方面的流行趋势及用户对我产品的反映，提供给我生产部门以便改进生产，使我产品适合国外市场需要，扩大纺织品出口。

2. 本届交易会调研工作的经验和体会

（1）领导重视，不断地强调和宣传搞好调研工作的重要性，调动调研员的积极性，是搞好调研工作的保证。

（2）本届交易会采用工贸结合的调研组织形式是可行的较好的形式。只要加强统一领导，互相通气配合，工贸双方既可分头活动，也可合作活动。

（3）调研中要注意不断提高调研工作的质量，不仅要及时反映情况，还要在一定时间内进行分析研究，提出意见和看法。调研期间，可分阶段进行，前半段应着重调研当前市场和价格，为本届交易会工作服务；后半段应着重强调调研趋势，为今后工作服务。

（4）调研会是进行调研的好方法，今后可多搞一些专题性的商人座谈会和业务员座谈会。

3. 存在的问题和建议

（1）工作中调查多，分析研究少。在编印的简报中，介绍商人的反映多，而经过分析拿出我们的看法、建议少。调查偏重于商品，对地区市场情况缺乏系统归纳分析，拿不出有参考价值的意见。

（2）建议今后在交易会前，各有关公司都应提出本公司的调研提纲，以便调研组及时制定反映实际要求的调研方案。

江州市纺织品交易团

2018 年 5 月 10 日

课后练习

一、填空题

1. 总结的主要特点包括______、______、______。

2. 计划与总结既有联系，也有区别。______是在计划执行一个时期或完成以后写的，它要检查______的执行情况，又要反过来作为今后修订或制定______的依据。

3. 根据总结的内容，可分为______、______两种。

4. 工作总结的标题一般包括______、______、______三部分。

二、选择题

1. 总结写作，一般使用（　　）。

A. 第一人称　　B. 第二人称　　C. 第三人称　　D. 三种人称互用

2. 总结最基本的特点包括（　　）。

A. 简明性　　B. 时效性　　C. 理论性　　D. 客观性

3. 写好总结的重要原则是（　　）。

A. 实事求是　　B. 材料充分　　C. 突出重点　　D. 语言简明

4. 单位或个人对以往一段时间的工作活动进行全面回顾、分析、评价得失、探求规律性认识的一种文体是（　　）。

A. 计划　　B. 总结

C. 市场调查报告　　D. 市场活动分析报告

5. 总结不能停留在对事实的叙述上，必须对客观事物本质和内在规律进行概括，从实践中找出规律性的经验教训。因此，总结具有（　　）的特点。

A. 客观性　　B. 主观性　　C. 理论性　　D. 针对性

6. 无论是综合性总结还是专题总结，如果面面俱到罗列现象，就不能说明问题，更不能提供规律性的借鉴。因此，总结在写作时要求（　　）。

A. 简明性　　B. 时效性　　C. 理论性　　D. 客观性

三、判断题

1. 总结主要是供自己看的。（　　）

2. 总结不能报送上级领导机关。（　　）

3. 采用顺序式写总结正文，这种方式适合于大型的综合性总结。（　　）

4. 撰写总结的目的主要是为了探寻规律性的认识，以指导今后的工作。（　　）

四、阅读下面的总结，指出其不足并修改

宏远公司上半年工作总结

半年来本公司在精神文明和物质文明方面做了许多工作，取得了很大成绩。半年来，主要做了以下工作：

一是动员组织公司干部和广大群众学习中央文件，安排、落实全年生产计划。

二是推行、落实工作责任制。

三是建方便面生产车间厂房。

四是推销果脯、食品、编织产品。

五是解决原材料不足问题。

六是美化环境，栽花种草。

七是办了一期计算机技术培训班。

八是调整了工作人员，开始试行干部招聘制。

半年来，在工作繁杂，头绪多而干部少的情况下，能做这么多工作，主要原因如下：

第一，上下团结。公司领导和一般干部都能同甘共苦，劲往一处使。工作中有不同看法，当面讲，共同协商。互相间有意见能开展批评与自我批评，不犯自由主义。例如：有干部对经理未作商议，擅自更改果脯销售奖励办法，影响产量一事有意见，经当面提出，经理作了自我批评，并共同研究了新的奖励办法，又呈现了增产势头。

第二，不怕困难。本企业刚刚起步，困难很多，技术力量薄弱，原材料不足；产品销路没有打开等。为此，领导干部共同想办法，他们不怕跑路，放弃自己的休息时间，忍饥挨饿受冻，四处联系，终于解决了今年所需要的原材料，推销了一些产品。

第三，领导带头。公司的几位主要领导带头苦干，实干。他们白天到下边去调查了解情况、解决问题，晚上开会研究问题，寻求解决的办法。领导干部夜以继日地工作，使公司工作上了台阶。

宏远公司

2018 年 7 月 20 日

任务三　启事

任务描述

明年（2019 年）是江州市江州高级中学建校 50 周年，学校将于 2019 年 5 月 17 日举行庆典。为反映学校建校 50 年来走过的历程，计划筹办编辑《校庆文集》和《校庆特刊画册》。请你以江州中学 50 周年庆组织委员会向校友发文，征集学校资料和个人祝福等作品。

任务分析

选用通知类启事。例如：“校庆启事”等此类邀请亲友、校友、会友、社会同人举行某种活动，由于被告知人居住分散或不确定，往往发启事广泛告知。

知识链接

1. 启事的含义

启事是单位或个人，为公开向人们告知、声明某事或请求公众协助支持参与的文书。通常张贴在公共场所或刊登在报纸、刊物上。

2. 启事的特点

（1）告启性。

启事是公开陈述事实，面向大众告知事宜或寻求帮助的，它没有强制力和约束力。

（2）目的性。

无论哪种启事，都有很强的目的性或有事需要向公众说明或欲求公众的支持、协助，以及希望公众积极参与。

（3）简明性。

启事要求表达简洁明了，既是为了方便读者对启事的内容一目了然，也节约篇幅，力求用最少的物力达到最好的告启效果。

3. 启事的类型

（1）寻访类。

例如：寻物启事、寻人启事。

（2）招领类。

例如：拾遗者发寻物或人的失主的启事。

（3）征求类。

例如：征文启事、征物启事、招聘启事、征婚启事等。

（4）通知类。

例如：“校庆启事”等此类邀请亲友、校友、会友、社会同人举行某种活动，由于被告知人居住分散或不确定，往往发启事广泛告知；书刊出版发行的预告；停业通知；公开的公安机关的警告和悬赏。

能力训练

1. 启事的结构

启事一般由标题、正文和落款三部分构成。

（1）标题。

①文种式标题，即启事的标题直接用“启事”二字。此类标题适用于任何内容的启事，但不能明显、直观地反映所启事项内容。

②公文式标题，即“事由+文种”，如“招聘启事”“征文启事”；“单位名称+事由+文种”，如“××大学招聘启事”；“单位名称+文种”，如“××研究所启事”。比较重要或紧急的，还可以在“启事”之前加上“重要”“特别”或“紧急”等修辞。

③单一式标题，即标题中不出现“启事”二字，只写明事由或内容范围，如“×××长招聘”“失物招领”“征求徽标”等。

（2）正文。

正文写想要说明的内容，明确地交代原因、启事要求，相关承诺等。正文因启事所说明的事项不同而异。要求内容真实准确，简明扼要，有条理。

（3）落款。

写明告启单位、人的全称、地址和联系方式，以及发布告启的年、月、日。

2. 启事的写作要求

（1）内容要真实可靠。

启事是公开说明某事或希望公众予以帮助及协助，其内容必须完全真实，不能弄虚作假，欺骗大众。

（2）表达要简明完整。

启事撰写内容简洁明确，公众才能一目了然，快速准确地给予帮助。启事的原因、特征、联系方法等要写清楚，如寻人启事，应写清楚被寻人的重要特征，寻物启事应写清楚所寻物品的基本特征。

（3）用语诚恳有礼。

每一种启事，写作的目的在于寻求公众的帮助，所以行文应谦逊有礼，避免盛气凌人，出现语言不得体的情况。

（4）不能将“启事”错写成“启示”。

“启示”是启发、开导、使人有所领悟的意思。与“启事”的“公开陈述事情”不是一个意思。无论是“招聘启事”“征文启事”，指其说明的内容都只能用“事”，而不能用“示”。

3. 参考例文

江州中学启事

明年（2019年）是江州中学建校50周年，学校将于2019年5月17日举行庆典。敬请海内外历届学子及曾在本校工作过的教职工互相转告。为反映我校建校50年来走过的历程，抒写师生情怀，弘扬江州中学精神，现在筹办编辑《校庆文集》《校庆特刊画册》等。曾在江州中学工作、学习、生活过的老师、同学以及家长们，母校想念你们。在校庆来临之际，渴望听到你们的声音，见到你们的文字。特向大家征集如下：

一是回忆在江州中学工作、学习、生活的文章，以及家长与学校共同培养孩子、关注、支持学校发展的文章（题目自拟，字数不限，附1张照片）；

二是对母校的祝福视频（不超过2分钟）；

三是能表达您对母校感情的纪念物等；

四是校友们如保存着有关学校的文物资料，请及时与学校联系，希望您能将原件或复印件寄于学校，以备编辑文集或画册之用。

征文及资料征集截止的时间：2018年11月30日。

联系人：李老师

邮箱：xiaoqingchoubei@ 126. com

联系电话：23568889

课后练习

阅读下面的启事，指出其不足并修改。

跳蚤市场开业启事

全体同学：

大家好！

江州职业学校跳蚤市场原定于2018年9月30日16：30~19：00开业，但由于受台风天气影响，不能正常开业。在此，我们敬请全体师生员工谅解。第二期开业时间为2018年10月13日16：30~19：00。

届时，欢迎全体同学踊跃报名，将自己的旧物品摆设在跳蚤市场供广大学生自由选购。只要你愿意跨出一步，无数学生将得到实惠。届时，如有意销售旧物品的同学，请到“跳蚤”市场现场审批处登记，现场工作人员安排地点销售。

江州职业学校“跳蚤”市场本学期开业时间为每月的第二周周五下午16：30~19：00，在开业期间欢迎全体同学前来惠顾！如遇暴风雨天气，将停止开业。

祝同学们学习进步，学业有成！

后勤服务集团

2018年9月11日

项目四　常用宣传文书

宣传文书是一种告知性和促使性相结合，目的性明确的应用文书。它是组织为了传播形象、提供服务、介绍单位情况等，通过各种传播媒介进行宣传，以引起公众注意并调动其兴趣的实用文体。随着信息技术和手机通信的发展，现在常用于传播的宣传文书主要有海报、微信推文等。

任务一　海报

任务描述

2019 年 6 月 20 日下午 3：30，江州职业学校男子足球队与高三男子足球队在我校足球场举行友谊比赛。请设计一张海报，张贴在校道，告知学生观赛。

任务分析

海报包括什么内容？

海报中通常要写清楚活动的主办单位、时间、地点等内容。海报的语言要求简明扼要，形式要做到新颖美观。

知识链接

1. 海报概述

（1）海报的含义。

海报是向广大群众报道或介绍某一消息及活动时，广泛公开地传递信息招徕群众的招贴式文书，多用于电影、体育、报告会、展览、预告戏剧等文娱体育消息。通常张贴在公共场所、宣传橱窗内，有些海报也通过媒体向公众发布。

(2) 海报的特点。

①特定性，即海报只限于主办单位使用，一般告知公众的是举办文化、娱乐、体育等活动方面的消息。

②宣传性，即海报通过一定的感情语言，广泛告知一定范围的人，积极招揽公众参与和了解某种情况，具有宣传和提高活动知名度的效果。

③画面性，即海报贴在公共场所，为给往来的人们留下印象，根据实际需要，常常选择大画面及突出形象和色彩。同时，在设计中需要标题醒目、布局新颖、图文并茂、色彩鲜艳，以增强画面性和印象。

④张贴性，即海报主要采用张贴形式，一般张贴在引人注目的场所。

2. 海报的种类

①根据内容分，可分为戏剧海报、联欢会海报、电影海报、体育赛事海报、报告会海报等。

②根据表现形式分，可分为文字海报、图文海报等。

能力训练

1. 海报的结构和写法

海报一般由标题、正文和落款三个部分构成。

(1) 标题。

①文种式标题，即“海报”作标题。

②单一式标题，即由内容作标题，如“舞会”“研究生优秀书画展”等；单位名称和内容构成，如“××杂技团演出精彩杂技大型魔术”。

③双行式标题，即分正标题和副标题。正标题是引题，用生动简短的语言指出作用和意义，副标题介绍举办的单位、内容，如“名角新秀同献艺　轻歌曼舞妙趣横生——××电视台与××部联合举办庆祝春节文艺汇演”。

(2) 正文。

海报正文要用简洁、生动、准确的文字介绍海报的具体内容。海报内容种类多样，内容表达差别很大。一般包括活动性质、情况介绍、注意事项及说明、时间、地点、票价等。

根据活动情况，正文可以为简洁的一段话，也可以采取分项列举方法，逐项写清楚活动的内容、时间、地点、参加方式等，使海报清楚明了，通俗易懂。有的文艺演出海报在正文前后加上标语，起到画龙点睛、渲染气氛、美化文面、吸引观众的作用。

（3）落款。

在正文后，写上主办单位名称和海报制作日期，如已把这部分内容写到标题和正文中，这里可以省略不写。

2. 海报的写作要点

（1）内容真实。

为了吸引公众关注活动和消息，海报可以使用一些鼓动性的词语，但不可夸张失实，必须真实、准确，不能虚假、欺骗。有些还要加上注意事项，以免引起公众的误会。

（2）力求图文并茂。

海报除了文字说明，还常常根据内容需要，设计或添加象征性图案或图画，以突出主题，吸引读者。但海报中传达信息的文字应重点突出。

（3）要简明易懂。

在语言上，海报写作力求用最少的文字最大限度地概述活动内容及主旨，力求做到言简意明，让人一看就知晓传达的信息内容。

海报如图 4-1、图 4-2 所示。

图 4-1　海报 1

图 4-2　海报 2

3. 参考例文

海报

6 月 20 日下午 3：30，我校男子足球队与高三男子足球队在我校足球场举行友谊比赛。热烈欢迎全校师生到时前往参观、指导、助兴。

江州中学学生处

课后练习

在新学年开学第三周，江州职业学校学生会准备进行社团招新大会，请你为这个活动设计一份海报。

任务二　微信推文

任务描述

信息学校在 2018 年 11 月 12 日召开了学校师生运动会，运动会举办之后，学校官方公众号发布了新闻，师生纷纷转发到朋友圈。

任务分析

（1）这篇微信推文属于什么类型文章？

校运会微信推文属于新媒体新闻。

（2）怎样才能吸引读者的眼球？

微信推文要有效，首先要有人看，而要有人看就需要首先在标题上做文章。随着各种热点、网络流行语的兴起，标题变得更加丰富多彩。

知识链接

1. 微信推文的概念

微信推文是通过微信公众号或订阅号发布的推广文章，有新闻、消息、热点讨论、宣传海报、网络投票、产品广告文案等多种形式和多种类型。

2. 开头的类型

（1）图片，用图片的方式给消费者视觉上的冲击，一般卖女装的商家可以用这个方法，放一张自带流量的女明星机场走秀图，让消费者产生阅读兴趣。

（2）引起消费者注意的文字，如卖面膜的商家，可以将面膜的美白、精致、补水功效先放在开头，引起消费者的注意，让他们的思维跟着你走。

（3）关键词，一般消费者花在阅读推文上的时间不会太多，所以要将文章内的关键词放在文章第一句，如卖大码女装的商家，可以在开头放上“显瘦”的词语，这样目标消费者就会被你的文章吸引住，想要了解你的服装怎么个显瘦法。

（4）内心小剧场，商家想要跟消费者拉近距离，可以将产品拟人化，如卖丝袜的商家，可以用表白的方式说出“丝袜”的心声，让目标消费者觉得这个产品很“懂”她，从而让她产生下单的决心。

（5）故事型，大多数消费者都喜欢看小故事，所以商家可以分享一下自己的创业故事，可以以动人为基调，打动消费者的内心。

（6）对话截图，商家在平常与消费者的交流中，可以将消费者的好评留言截图保存下来，再发送推文的时候，将这些图片整合放在文章开头，有真实图片就能加强产品的说服力，加强消费者下单的信心。

(7) 场景代入，通过场景的展现能让消费者身临其境，如卖减肥茶的商家，可以在一开始描绘一个喜欢美食但是不爱运动的女生，经常有减肥的困扰，让消费者能代入自己的感受，产生共鸣。

(8) “抱大腿”，现在的很多消费者都比较喜欢追随意见领袖，那么我们就可以通过“抱大腿”的方式去吸引消费者注意，一般在文章开头写行业内的某个知名人士说过什么话，使消费者觉得你的产品够专业。

3. 结尾的类型

当消费者阅读到最后的时候，文章要有个完美的“谢幕姿态”，让消费者沉浸在你的文章中无法自拔。一般文章的结尾有以下这六种：

(1) 完整的总结，一篇文章有了论点和论据之后，就需要来个完整的结尾，这样能加深你之前输入消费者脑中的观念，也能使他们对你的文章有更强烈的印象。

(2) 没有结尾，这种情况多用于盘点类的文章，如商家要写自己店铺整个月的动态资讯，就可以用这种手法，使文章看起来干净利落。

(3) 趣味结尾，如果文字太过乏味那么消费者一般会看不下去，所以在结尾的部分商家可以用趣味性的语言作为结尾，增加文章的趣味性，使消费者读起来轻松快乐。

(4) 互动性结尾，商家一般发推文都是为了将流量进行转化，推动销量的增长，所以在文章的最后可以加上引导，让消费者评论、点赞或购买产品。

(5) 为下次活动做伏笔，商家的活动最好是有连续性的，如这次推的是店铺活动，那么在底部的时候可以放揭晓中奖名单的日期和下次活动的时间，让消费者持续关注你的公众号，并参与你的下一次活动，这样能提高粉丝黏性。

(6) 雷打不动的结尾，我们在看很多商家的微信公众号的时候，会发现他们的结尾会用固定的图片或者是固定的结束语，这样能给消费者留下深刻的印象，增加公众号的辨识度。

能力训练

1. 微信推文标题

标题是用户阅读的第一吸引力，文章阅读量高的，都有一个亮眼的标题。

目前，微信标题分为两种：一种是我们通常理解的好标题，它抓热点，有态度，走在潮流前端或者分享；另一种是在正常情况下我们所不想看的标题党，点击量很高，点赞量很小，而且标题不宜过长，控制在13个字以内最好。

2. 微信推文写作技巧

（1）封面。

区分一篇文章的品质，一般来说封面图就能定下来。封面图的大小，即一般封面图尺寸为360mm×200mm，次图为200mm×200mm。

（2）摘要（导语）。

推文摘要是显示在推送界面的一段文字，很多人不熟练的时候，在发一条推送时，忘记编辑的节点，画面自动截取正文前一部分字，使发出去的文章失去原来的味道。因此，摘要也是推文的精髓所在，要把推送文章的主要内容提取出来。

3. 微信公众号推文写作技巧

公众号推文排版如下：

①标题：字号在16~20，字数越多，字号越小为妙，最好加上颜色区分正文。

②正文：字号10~18最佳，文艺一点的公众号建议14px字号，适当灰度最佳。

③段落：文章段落与段落之间最好空一行或者是段距设置为10~20px，行距1. 5~2. 5px较为适宜，字间距0. 25~1. 5px。

④配图：单图最好居中，然后可以增加圆角效果，图片过多的话可以用软件拼图或者用第三方编辑器进行排版。

⑤留白：也称为文章两边边距，现在大部分公众号都会用到，一般通过第三方编辑器实现。

4. 推送文章写作技巧

①文章要先确定受众：推广的文章要定受众人群才好选择风格。

②标题一目了然：可以蹭热点，吸引关注；寻找认可点，触发转发欲。

③把握尺度：内容真实，修饰描述不能影响客观性。

5. 参考例文

师生运动会——体育没有界限，运动不分你我

11 月 9 日下午，信息学校一年一度的运动会拉开了帷幕。这次运动会的赛场上除了学生外还活跃着一群神秘身影，那是我们学校的教工队伍，他们将与我们的同学同台竞技，这是我们有史以来的第一次师生运动会，学生和老师的身影同时活跃在各个比赛的场地上，用运动诠释体育的奥义。

比赛期间，运动场上人头攒动，气氛热烈。各项比赛，高潮一个接着一个，一个个冠军接连产生。观看比赛的同学也积极响应，赛场周围的“加油”声此起彼伏，不绝于耳。他们热情、激动的情绪，感染了每一个人，将本次校运会推向了一个又一个高潮。啦啦队助威的呐喊声，运动员得胜的欢呼声，不断地在校园上空响起。

教工代表队、威武的国旗队和团队项目——合作跑以及学生代表队赛跑，如图 4-3 至图 4-6 所示。

图 4-3　教工代表队

图 4-4　威武的国旗队

图 4-5　团队项目——合作跑

图 4-6　学生代表队赛跑

在大家尽情享受运动带来的欢乐和激情时，学校有一群人正在默默为我们提供服务：学校的团委和学生会的学生们都在认真地值勤，他们穿梭在各个比赛场地，维护着赛场的秩序；各个比赛场地的裁判员和记录员秉持“公正、公平”的原则做好每一次比赛的记录；校医室不仅从运动会开始就坚守在运动场外，还因为天气较凉细心地为大家申请了一大桶姜糖水为大家驱寒保暖……他们的尽职尽责，使得校运会成为同学们尽情展示才华、增进友谊、磨炼意志的大舞台。

学生工作人员认真负责，如图 4-7 所示。

图 4-7　学生工作人员认真负责

运动会结束了，但是生命不息，运动不止。运动会将我们大家共聚一堂，我们将沿着体育的精神，共同谱写青春年华！

课后练习

江州职业学校筹备举行 2019 年国庆游园活动，有义卖、趣味游戏活动，请你为此活动写一篇微信推文。

项目五　常用专用书信

书信的种类很多，有用于家庭成员之间的，有人们社会交往时使用的，有用于处理公共事务的。专用书信就是指人们在日常生活中普遍应用的与各种人群和组织沟通联系的实用性书信。相较于其他应用文书，专用书信与人们的生活有着更为直接、密切的联系。常用的专用书信有证明信、请柬、申请书、求职信、电子邮件等。

任务一　证明信

任务描述

南海职业技术学校 2016 级家电维修专业的学生郭善技，在 2018 年 12 月至 2019 年 6 月于本市苏宁公司家电维修部实习。实习期间表现优秀，独立操作维修过 17 台冰箱，经质检合格，用户满意。现实习期结束，苏宁公司人事部主任让李安为郭善技的实习情况出具一份证明材料。

任务分析

（1）苏宁公司怎样为郭善技的实习提供证明？

为其开具证明信。

（2）证明信由谁出具才具有合法性？

必须由具备合法证明资格的单位或负责人来签名确认，即苏宁公司的总经理或郭善技所在的家电维修部主管。

知识链接

1. 证明信的概念

证明信也称证明，它是以机关团体、企事业单位、个人的名义证明某人身份、经历或者证明相关事件、情况真实性的专用书信。证明信的内容可长可短，视需要而定，一般都比较简短；但如果涉及某些重要、历时较长的事件或详细的细节篇幅可能就会长一些。

证明信对所证明的人和事负有一定的法律和政治责任。个人对有关人和事所出具的证明材料如果未经单位、组织确认其效力并加盖公章，一般不具有证明信的作用，只能作为参考。

2. 证明信的特点

（1）出具者的资格性。

证明信的出具者首先要有证明某人、某事的资格，只有具备合法证明资格的单位或负责人，才可以出具证明信。

（2）证明的合法性。

在证明者具备合法的证明资格的基础上，证明的行为也必须合乎法律、法规的规定，不能出伪证。

（3）认证的凭证性。

证明信的作用贵在证明，是持有者用以证明自己身份、经历或某事真实性的一种凭证，所以证明信的第一个特点就是它的凭证的作用。

（4）书信体的格式特点。

证明信是一种专用书信，尽管有好几种形式，但它的写法同书信的写法基本一致，它大部分采用书信体的格式。

3. 证明信的分类

从形式上看，证明信有打印和手写之分，只要有证明者的签章则同样具有凭证的效力。

从证明者的角度看，有以个人名义写的证明信，一般是个人证明某人、某事的真实情况，所证明的内容完全由证明人负责；也有以单位、组织名义写的证明信，一般是证明曾经或正在本单位工作的人员的身份、职务、政治面貌、经历及其他具体情况。

从内容上看，有个人身份证明、收入证明、历史事件证明、经济账目证明及其他具体情况的证明。

从证明信的用途来看，又可分为作为材料存入档案的证明信、证明丢失证件等情况属实的证明信和作为证件使用的证明信。

能力训练

1. 证明信的格式和写法

（1）标题。

标题位于第一行或信纸上方的中间，写上“证明信”“证明”或写明“关于×××同志××情况（或问题）的证明”。字体可以比正文大一号。

（2）称呼。

称呼在第二行或标题之下，顶格书写对方单位的名称、相关个人的姓名，后面加冒号。

（3）正文。

正文要另起一行空两格写具体内容，内容要完全符合对方要求的证明事项，可以遵循以下原则：

首先，必须尊重事实，所写内容必须准确无误，不能添油加醋，更不能杜撰，否则，就失去了证明的意义。

其次，对证明的内容必须进行核实，以履行证明者的职能，不能仅仅根据当事人的一方说辞和自己的主观臆断。如果对证明事实不加核实而引发一系列问题，证明人往往需要承担一定的责任。如果发现有不实之处，应该立即指出并修正。

最后，如果在证明信中出现书写错误或污损墨点而需要涂改的，必须在涂改处加盖更改章或单位公章，以示有效。如果是个人名义的证明信需要更改则要加盖私章，如果没有私章，也可以加按证明人的手印。

证明信中的细节必须注意，如果涉及证明某人经历的，必须把具体的时间起讫点写清楚，不能含混模糊。涉及职务的，也应该把担任何职务及时间段写清楚，总之，不要遗漏细节。

①存档证明信，主要根据对方来函要求证明的问题书写，紧扣主题，不涉及其他无关内容。正文可针对以上几方面说明，不需涉及历史或家庭问题。

②丢失证件证明信，正文内容一般为人名、时间、地点、丢失证件情况，并写上丢失证件的编号。

③携带证明信，正文内容一般包括姓名、性别、年龄、身份、职务、外出地点、外出目的（如出差、探亲、旅游等）。这种证明信内容比较固定，因此，常常设计、印刷为固定格式，使用时只需简单填写。印刷好的证明信也称填写

式证明信。

（4）结语。

结语是在正文的下一行，一般顶格写上“特此证明”“情况属实，特证明”。

（5）署名、日期。

应在结语下方署上开具证明信的单位全称、加盖公章；如果是个人名义，只要签名，一般不需要加盖私章，如果内容重要可以加盖私章。署名的下一行可以书写日期，一般具体到年、月、日。

个人名义出具的证明信的最后，要有证明人所在单位的签署意见。一般包括：证明人的身份、职务、政治面貌的简要介绍，便于对方了解证明人的个人情况，以确定证明信的权威、有效和真实；还包括：对所证明的材料的态度，即是否属实，必须对此明确表示肯定、否定或部分否定，如对具体情况不太熟悉，也可写“仅供参考之用”等文字。单位在签署意见之后，还要署上单位的全称并加盖公章。最末一行写上具体的日期。

2. 参考例文

在职证明

尊敬的签证官：

现证明黎明志先生是我校的语文老师，他已在我校工作了10年，月收入为5 000元。他计划自2018年8月1日到2018年8月15日赴英国旅游15天。

我们保证他在旅游期间将遵守当地的法律法规，并将按时回国。此次费用由他自己承担，请给予他签证。

非常感谢！

南海职业技术学校（公章）
校长：乐群（签名）
单位联系电话：0757-5201314
单位地址：南海城区职业路525号
2018年7月1日

在学证明

张崇德同学是我校18级商务助理专业的学生。我校今年暑假的放假时间为2018年7月16日至2018年8月30日，共46日。我校知道该学生在放假期间将跟随父母前往欧洲旅游。如期回国后，将返回我校继续学习。

南海职业技术学校（公章）
班主任：黎明志（签名）
联系电话：0757-5201314
2018年7月1日

3. 练一练

请根据证明信的结构与写法及任务分析和例文参考，练一练，完成任务一。

课后练习

一、填空题

1. 证明信是组织（单位）用可靠的材料证明有关人员的身份、经历、学历或某件事情的______而写的信件。

2. 证明信的特点：______、______、______、______。

3. 结尾一般写“______”或“以上特证明”等字。

4. 落款要写出具证明的单位或个人的______、______。

二、判断题

1. 证明信的称谓一般不需要敬语。（ ）

2. 证明信由证明单位或证明人加盖公章或签名、盖私章，否则，证明信将是无效的。（ ）

3. 证明信写作要严肃认真，实事求是，言之有据。（ ）

4. 证明信也可用铅笔、红色笔书写。（ ）

5. 证明信若有涂改，必须在涂改处加盖公章。（ ）

6. 证明信的语言要十分准确，不能随意夸饰，不可模棱两可。（ ）

三、纠错题

下文为一篇证明信，请指出其中错误并改正。

证明信

灰太狼汽车公司陈经理：

灰太狼汽车公司魏某是我校2018届汽修专业的毕业学生，该生在校期间品学兼优，2016、2017学年均被评为校级三好学生，2018年被评为市级优秀毕业生。

特此证明。

南海职业技术学校　乐群（公章）

2019-3-8

任务二　请柬

任务描述

南海职业技术学校拟于2018年5月中旬举办“职业教育活动周”，届时将会有一系列职教主题活动。为此，办公室主任让李安马上着手起草一份文书，邀请100名家长代表前来参加。

任务分析

（1）该活动的性质是什么？

比较盛大的展示活动，利于宣传职业教育，塑造学校形象。

（2）写这份文书，应该用什么文体？

请柬是礼仪文书，能体现学校对活动的重视及对宾客的尊重。

（3）被邀请者是谁？称呼和口吻应该是什么样？

被邀请的是100名家长代表，因此应使用尊称和敬语来拟写。

（4）活动的主要内容是什么？

南海职业技术学校于2018年5月中旬举办的“职业教育活动周”。要写明具体的时间、地点、方式。

(5) 怎样才能促使客人接受邀请?

措辞要文雅、大方和热情，并要写上礼节性问候语或恭候语。

知识链接

1. 请柬的概念

请柬又称请帖，是人们在节日和各种喜事中请客用的一种简便邀请信。请柬是为邀请宾客参加某一活动时所使用的一种书面形式的通知。

使用请柬，既表示主人对事情的郑重态度，也表明主人对客人的尊敬。既可以密切注意主客间的关系，还可以促使客人接受邀请。

2. 请柬的特点

(1) 通知性。

请柬用于通知特定人员参加宴会、庆典等。

(2) 礼貌性。

使用请柬，表示对受请人的尊重，是一种礼貌文书。

(3) 简约性。

请柬一般都不太长，而且结构简单。

3. 请柬的写作要求

请柬主要是表明对被邀请者的尊敬，同时，也表明邀请者对此事的郑重态度，所以邀请双方即便近在咫尺，也必须送请柬。凡属比较隆重的喜庆活动，邀请客人均以请柬为准，切忌随便口头招呼，顾此失彼。

请柬是邀请宾客用的，所以在款式设计上，要注意其艺术性，一帧精美的请柬会使人感到快乐和亲切。

选用市场上的各种专用请柬时，要根据实际需要选购合适的类别、色彩、图案。

请柬要在合适的场合发送。一般来说，举行重大的活动，双方又是作为宾客参加，才发送请柬。寻常聚会或活动性质极其严肃、郑重，对方也不作为客人参加时，不应发请柬。

语言上除要求简洁、明确外，还要措辞文雅、大方和热情。

能力训练

小提示

请柬从形式上又分为横式写法和竖式写法两种。竖式写法从右边向左边写。

1. 请柬的写法

请柬一般由标题、称呼、正文、结尾和落款五部分构成。

（1）标题。

标题，在封面上写的“请柬（请帖）”二字就是标准，一般要做一些艺术加工，可用美术体的文字，文字的彩色可以烫金，可以有图案装饰等。需说明的是，通常请柬已按照书信格式印制好，发文者只需填写正文而已。封面也已直接印上了名称“请柬”或“请帖”字样。

（2）称呼。

称呼要顶格写出被邀请者（单位或个人）的姓名名称，如“某某先生”“某某单位”等。称呼后加上冒号。

（3）正文。

正文要写清活动内容，如开座谈会、联欢晚会、生日派对、国庆宴会、婚礼、寿诞等。写明时间、地点、方式。如果是请人看戏或其他表演还应将入场券附上。

（4）结尾。

结尾要写上礼节性问候语或恭候语，如“致以敬礼”“顺致崇高的敬意”“敬请光临”等。

（5）落款。

落款，署上邀请者（单位或个人）的名称和发柬日期。

2. 参考例文

请柬

乐群女士/先生：

为庆祝第34个教师节，兹定于9月10日晚7：00~9：00在市政府小礼堂举行教师节庆祝大会，届时敬请光临。

此致

敬礼！

佛山市教育局

2018年9月1日

3. 练一练

请根据请柬的结构与写法及任务分析和例文参考，练一练，完成任务二。

课后练习

一、填空题

1. 请柬的概念：______。
2. 请柬的特点有______、______、______。
3. 请柬常见的结尾问候语有______、______。

二、不定项选择题

1. 下列日常事务文书，开头需写称谓的是（　　）。

A. 启事　　B. 感谢信　　C. 请柬　　D. 备忘录

2. 正式宴会都采用（　　）的方式邀请宾客。

A. 当面口头约定　　B. 电话通知　　C. 发放请柬　　D. 专人上门

3. 请柬有横式、竖式两种，由以下（　　）及落款五部分组成。

A. 标题　　B. 称呼　　C. 正文　　D. 结尾

三、判断题

1. 开放参观活动中的解说和接待的准备工作应包括制作并寄发请柬。 （　）
2. 在请柬上可以注明宴请的席位。 （　）
3. 为了让客人早作安排，请柬越早发送越好。 （　）

四、纠错题

下文为一篇请柬，请指出其中错误并改正。

××同志：

为了庆祝我公司成立十周年，兹定于×年×月×日举行老同志座谈会，你对我公司创建贡献很大，我们很希望你能参加，并为我公司将来发展献计献策。如同意，请在×年×月×日前来我公司报到。报到地点：××路××号××楼××室。不要迟到！

××公司周年庆筹办会（公章）
×年×月×日

任务三　申请书

任务描述

商务助理专业2018级学生张崇德想加入校学生会宣传部，锻炼自己，一展所长。他需要拟写一份文书提交给学校审批。

任务分析

（1）写这份文书，应该用什么文体？

向领导部门或组织提出愿望或请求，用申请书。

（2）此份文书应呈交给谁？称呼和口吻应该是什么样？

称呼一般只有一个，就是校学生会。注意开头、结尾及行文间要使用敬语。

（3）正文部分大概要写些什么内容？

开头自我介绍，开门见山提出申请要求。主体阐述对组织的认识、申请加入的动机，明确表明自己的态度。

（4）怎样才能让组织接受你的请求？

根据申请内容，可适当强调自己的兴趣、专长，增强说服力。最后，可阐明今后的努力方向及如何以实际行动争取加入。

知识链接

1. 申请书的概念

申请书是部门、集体、个人为实现其愿望、要求，向领导部门或组织提出申请，希望予以解决的文书。

在日常工作、生活、学习中，申请书是应用范围广泛，使用频率较高的应用文种。申请书也是一种专用书信，它同一般书信一样，也是表情达意的工具。申请书要求一事一议，内容要单纯。

2. 申请书的特点

（1）申请书请求的特性。

“申请”，顾名思义是申述自己的理由，有所请求的意思。无论是个人在政治生活上入团入党的申请或者个人、单位在其他方面的申请，均是一种请求满足要求的一种公用文书。所以，请求的特性是申请书的一个根本的特点。

（2）申请书采用书信体格式。

申请书是一种专用书信。因此，它也必须按照书信的格式来行文。内容因要求不同而不同，形式都基本保持不变。

（3）申请书是个人向组织、下级向上级的行文方式。

这是申请书的性质所决定的。所以，申请书在语言的使用和选择上都要符合这种下对上的行文标准。

3. 申请书的类型

从用途上划分，有以下几类。

（1）思想政治生活方面的申请。

这种政治申请一般是指加入某些进步的党派团体，如申请加入中国共产主义青年团、中国共产党、少先队、工会、参军等。

（2）工作学习方面的申请。

求学或在实际工作中所写的申请，如入学申请书、带职进修申请书、工作调动申请书、辞职申请书等。

（3）日常生活方面的申请。

日常生活中，柴米油盐、吃穿住行，我们常常会遇到一些问题，需要个人申请才可以被组织、集体、单位考虑、照顾或着手给予解决，诸如申请福利性住房、个人申请开业或困难补助申请等。

能力训练

1. 申请书的格式和写法

申请书一般由标题、收文单位、正文、尾语、署名和成文日期六部分组成。

（1）标题。

①申请书的标题写在第一行的正中，一般由申请事项和文种构成，如《入团申请书》《社团活动场地申请书》《工作调动申请书》等。

②将文种“申请书”中的“书”省去，如《走读申请》《转学申请》。

③只写“申请书”三个字，申请书也称志愿书，如《入党申请书》也可写作《入党志愿书》。

（2）收文单位。

收文单位指接受申请书的部门、组织或是负责人，这样便于及时得到回复。收文单位写在标题下一行，居左顶格书写，如“××部门”“××组织”“××团支部”“尊敬的学校领导”等。

（3）正文。

①申请内容，开篇就要向领导、组织提出申请什么。要开门见山，直截了当，不含糊其辞。

②申请原因，为什么申请，也就是说明申请书的目的、意义及自己对申请事项的认识。

③决心和要求，最后进一步表明自己的决心、态度和要求，以便组织了解写申请书人的认识和情况，应写得具体、详细、诚恳有分寸，语言要朴实准确，简洁明了。

（4）尾语。

尾语，即申请书可以有结语也可以没有。结语一般是表示敬意的话，如“此致，敬礼”等；也可写表示感谢和希望的话，如“请组织考验”“请审查”“望领导批准”等。

（5）署名。

署名，即写在正文的右下方，写上提出申请的部门名称或个人姓名。

（6）成文日期。

成文日期，即在落款的下方，写申请的年月日。

2. 参考例文

入团申请书

敬爱的团支部：

我是18级商务助理专业的一名学生。现在我郑重地向团组织提出申请，要求加入中国共产主义青年团。

共青团是党的忠实助手，是一所马克思主义的大学校。在这座共产主义的大熔炉里，培养了一批又一批的先进青年、伟大祖国的建设者、捍卫者，铸造了一代又一代共产主义战士——黄继光、雷锋、张海迪式的人物。

加入共青团是我多年的夙愿。以前，我一直想加入共青团，但将自己同那些优秀共青团员比较时，就感到自己缺点很多，相差甚远，因而没有勇气提出申请。最近由于老师热情帮助，我逐渐认识了自身缺乏坚韧不拔的毅力，经不起批评，受不起委屈。对此，我努力改变自己，开始慢慢有所进步。随着对团的认识逐渐加深，使我更加希望能够成为团的一分子。

我决心在加入团组织以前，以共青团员的标准严格要求自己，以优秀共青团员为榜样，刻苦学习，不断提高自己的思想水平与认识水平，争取做一个完全合格的共青团员。

最后，我再次请求团组织接受我的入团申请，我绝不会辜负团组织的期望！

此致

敬礼！

申请人：张崇德

2019年3月8日

3. 练一练

请根据申请书的结构与写法及任务分析和例文参考，练一练，完成任务三。

课后练习

一、填空题

1. 申请书的格式基本相同，都由______、______、______、______四部分组成。

2. 申请事项要单一，一般是______。

3. 申请书须由申请人、申请单位撰写，通常要在落款处______或______。

二、不定项选择题

1. 申请书的特点是（　　）和请求性。

A. 单纯性　　B. 单面性　　C. 单一性　　D. 单调性

2. 申请书的正文包括申请事项、申请理由和（　　）三项内容。

A. 申请困难　　B. 申请注意　　C. 申请决心　　D. 申请态度

3. 申请书通常由（　　）及落款部分组成。

A. 标题　　B. 称呼　　C. 正文　　D. 结语

三、判断题

1. 申请书的正文包括三项内容分别是：申请事项，申请理由，申请态度。（　　）

2. 申请书只能一事一议，内容要单纯。（　　）

3. 申请书的申请态度要坚决，毫不客气。（　　）

四、写作题

请以南海职业技术学校2018级电子商务专业学生程信的名义，写一份加入该校“兰畹”文学社的申请书。

要求：

①格式正确。

②写明申请的理由，表明自己的态度。

③语言简洁明白，正文不超过200字。

④书写工整。

任务四　求职信

任务描述

南海职业技术学校2016级家电维修专业的学生郭善技，在上学期间被评为三级技工，取得了家用电器维修上岗证，并在市苏宁公司家电维修部实习，独立操作维修过17台冰箱，经质检合格，用户满意。现在他要找一份工作，需要根据实际情况向用人单位投递一份相应的文书。

任务分析

（1）写这份材料，应该用什么形式的文体？

郭善技是刚从学校毕业的学生，需要让用人单位了解自己，从而获得面试的机会。一般在面试之前都需要提供一份求职材料，这就是求职信。

（2）此封求职信的发送对象是谁，称呼和口吻应该是什么样？

因任务中没有提及招聘单位及领导名称，可使用泛称，如“尊敬的总经理”“尊敬的先生/女士”。

（3）此封求职信应该包含什么内容？

首先，简单介绍求职的缘由，表明写信的目的；然后，针对求职目标叙述自己的兴趣、性格和适合有关职位的情况，介绍自己的学历、经验、希望，突出自己的技术专长，展示自己的能力和成绩；最后，附上附件供收信人参考。

知识链接

1. 求职信的概念

求职信是求职者写给招聘单位的信函。

求职信是求职者向用人单位或单位领导人介绍自己的实际才能、表达自己就业愿望的一种书信。多数用人单位都要求求职者先寄送求职材料，由他们通过求职材料对众多求职者有一个大致的了解后，再通知面试或面谈人选。因此，求职信写得好坏将直接关系到求职者是否能进入下一轮的角逐。

2. 求职信的特点

（1）针对性。

针对性是指要针对求职单位的实际情况、读信人的心理和个人的求职目标写。否则，求职信会因为针对性不强而石沉大海。

（2）展示性。

展示性是指要恰当地推销自己。求职信是沟通求职者与用人者的某种媒介，在相互不熟悉、不了解的情况下，写作者要善于推介自己，并恰如其分地表现自己，用你的成绩、特长、优势，甚至用你的个性、你的“闪光点”吸引对方，使对方在即使未曾谋面的情况下，产生一种心动和值得一试的感觉。

（3）求实性。

求职就是竞争，你想要在竞争中取胜，必定要出类拔萃，不同一般，但也不能漫无边际地自吹自擂，要实事求是地介绍自己。因为用人单位录用你之前一定会按照求职信上的内容去考查你。

3. 求职信的要素

一般来说，求职信的写作包括四个要素。

（1）求职目标。

求职目标，即你要求到什么公司或什么单位工作？你想干什么工作？这一点必须明确，绝不能模棱两可。

（2）求职缘起。

求职缘起，即交代求职的理由，说明你为什么要到该公司工作？你想获得那份工作的原因是什么？回答这个问题时，要简洁，不要啰嗦，既要实事求是，又要机智灵活，如工作单位某一方面吸引你。例如：工作环境、工作理念、团队精神等。

（3）求职条件。

求职条件，这是求职的关键。写作时，要善于扬长避短，针对求职目标，表现自己的主要业绩和优势，在陈述自己求职条件的时候，一定要恰如其分，如专业对口，热爱这个职业，想要锻炼自己的能力、才干等。

（4）附件。

附件，即附在信末的，对你起着证明或介绍作用的有关材料。它包括你的个人简历，所学专业课程一览表，各门课程的成绩一览表，发表的论文或论著，单位、学校或某个教授、专家的推荐信，毕业证、学位证等各种证书的复印件等。附件在求职信的写作中具有重要意义。

能力训练

1. 求职信的格式和写法

（1）标题。

标题第一行正中间写“求职信”或“××（求职人）致××××（单位）”。

（2）称呼。

称呼是对读信人的称谓。

对于不甚明确的单位，可写成“人事处负责同志”“尊敬的领导同志”“尊敬的某某公司领导”等。

对于明确了用人单位负责人的，可以写出负责人的职务、职称，如“尊敬的乐校长”“尊敬的李处长”“尊敬的刘经理”等。个人姓名后可加“先生”“女士”“同志”等。

第一行顶格书写，之后用冒号，另起一行，写上问候语“您好”。求职信不同于一般私人书信，受信人未曾见过面，所以称呼要恰当，郑重其事。

（3）正文。

正文是求职信写作的重点。一般交代你求职的原因，应聘、应征的条件，尤其要注意表现你的主要成绩，突出你的优势。

①连接语：说清写信的缘由。因为求职信一般是看到网上的招聘广告或听到别人介绍后写的。

②主体：第一层，概括介绍。即写一份自传，简要介绍求职者的自然情况，如姓名、性别、出生年月、所学专业、毕业院校、最高学历，上学、工作的几个阶段和性格特点；也可将连接语和自我介绍放在一起概括。第二层，重点介绍。对所谋求的职务的看法及对自己的能力要做出客观公允的评价，这是求职的关键。要着重介绍自己应聘的有利条件，要特别突出自己的优势和“闪光点”，以使对方信服。第三层，提出希望和要求。说明自己对本工作的喜爱和迫切心情，再谈谈入选后的想法、打算或计划。这段属于信的内容的收尾阶段，要适可而止，不要啰嗦，不要苛求对方。

（4）致敬语。

致敬语，即另起一行，空两格，写表示敬祝的话，如“此致”“敬礼”“祝您身体健康、工作顺利、事业发展”等。

（5）署名和日期。

署名和日期，即右下方，姓名写在上面，成文日期要年、月、日俱全写在姓名下面。署名和日期之后写清你的电话、手机、E-mail 等联系方式。

（6）附件。

有说服力的附件是对求职者鉴定的凭证。所以，求职信的附件是不可忽视的组成部分，如个人自传或履历表、学历证明、学位证明及各种获奖证书的复印件等。附件可在信的结尾处注明，如附件 1、附件 2、附件 3……然后将附件的复印件单独钉在一起随信寄出。

小提示

求职信写作的注意事项：

一忌面面俱到，篇幅太长，字数最好控制在600字以内。

二忌辞藻华丽，哗众取宠。

三忌谦虚过度，自我贬抑。

四忌过分自信，自视清高。

2. 参考例文

求职信

尊敬的黎老师：

您好！

首先，非常感谢您在百忙之中，抽出时间来阅读我的求职信。

我叫郝文明，男，1998 年 5 月出生。现就读于南海大学文学院汉语言文学专业，今年 7 月份毕业。一直以来，我的梦想都是成为一名人民教师，为此不揣冒昧，向您寄上我的求职信。

在过去的 3 年半时间里，我各门课程的成绩均为优秀，连续三年获得学校的奖学金。同时，我也积极参加学校及学院组织的各项活动，作为院学生会秘书处副部长，因表现突出，多次受到表彰奖励。另外，作为校报《兰畹》编辑部中的一员，我撰写的文章多次被刊登在校报上，每期校报的出版都能看到我点滴的耕耘。

虽然我的梦想是成为一名人民教师，但阴差阳错的，我就读的专业却是非师范。然而，我并没有就此放弃。为此，我选修了“教育学”“心理学”等教师必需的专业性课程内容，并取得优秀成绩；苦练普通话，考取了一级乙等证书；在四年级第一学期的课余时间，到我校附属中学进行了半年的见习。可以说，我为做一名合格的中学语文教师，已经在理论与实践等方面有了一定的准备。

贵校教学严谨，学风纯正，多年来已为国家培养出众多的人才，只盼我能在贵校圆自己的教师梦，希望贵校能给予我一个宝贵的机会。

恭祝

教祺

附件：

1. 个人简历
2. 学习成绩单
3. 英语六级证书复印件
4. 普通话一级乙等证书复印件
5. 各项获奖证书复印件（×件）
6. 已发表文章复印件（×篇）

郝文明

2018 年 6 月 15 日

通讯地址：南海市教育路南海大学文学院 14 级　郝文明

邮编：528×××

电话：0757-×××××××

手机：139××××××××

电子邮箱：haowenming@ rencai. com

3. 练一练

请根据求职信的结构与写法及任务分析和例文参考，练一练，完成任务四。

课后练习

一、填空题

1. 求职信根据有无具体的求职岗位分为：______和______。

2. 完整的求职信格式应该包括______、______、______、______、______五部分。

3. 打印或复制求职信，落款处留下空白，姓名前写上“______”“______”，并亲笔签名。

二、不定项选择题

1. 求职信属于（　　）。

A. 社交书信　　B. 专用书信　　C. 一般书信　　D. 个人书信

2. 求职信的格式一般分为标题、称呼、正方、附件和落款五部分，其中正文包括开头，主体部分，结尾。结尾要强调自己的求职意向，要写明联系方式。属于结尾的包括（　　）及QQ。

A. 邮政编码　　B. 通信地址　　C. 邮箱　　D. 电话号码

三、写作题。

原南海市直属机关幼儿园幼儿教师郝友善针对秘书工作或外语公共教学工作向南海大学人事处发了一封求职信，信中介绍了她的一些情况：在校期间在省报发表过小说两篇，在《光明日报》发表大学生暑假调查报告一篇，获学校硬笔书法比赛二等奖（正楷），通过了国家英语四级考试，在省级刊物上发表过翻译作品两篇，曾被市志愿者联合会借用作文字工作，写过多种计划、总结、报告，为刘副市长的电视讲话写过讲稿。请你根据所给资料帮她写一份求职信。

任务五　电子邮件

任务描述

郝爱国是文学院汉语言文学专业的学生，选修了力学专业刘富强老师《无处不在的力学》。他很喜欢这位老师的课，也很喜欢力学等理工学科。现在郝爱国需要拟写一个材料，向老师表示感谢，并咨询这位老师，若要转专业需要准备什么，以及老师曾提及的一个论坛是否非力学专业的学生可以去听，去哪里获取相应的信息。

任务分析

(1) 写这份材料，应该用什么形式的文体?

小郝是文学院学生，该老师是理工学院老师，面对面交流机会不多，且咨询的内容需要通过非正式渠道咨询和了解。因此，使用电子邮件的形式较为合适。

(2) 此封电子邮件的发送对象是谁，称呼和口吻应该是什么样?

此封邮件的发送对象，即收件人是理工学院力学专业的刘富强老师，发件人是学生。因此，应使用尊称和敬语来拟写。

(3) 写此封电子邮件的目的是什么?

有三个目的：一是对老师所讲授的课程和给予的帮助表示感谢；二是咨询老师如果跨学院转专业需要做什么准备；三是咨询老师曾经提及过的论坛，自己能否参加，以及去哪里获取信息。

(4) 此封电子邮件应该包含什么内容?

针对此封电子邮件的目的，需一一对应地包括三部分内容：一是表示感谢；二是咨询跨学院转专业需要做什么准备；三是咨询自己能否参加一个论坛，以及去哪里获取信息。

知识链接

1. 电子邮件的概念

电子邮件也叫电子函件，英文称为 Electronic Mail，简称 E-mail，是指通过互联网传递的邮件，是一种用电子手段提供信息交换的通信方式，是对传统通信方式的一种巨大变革，是互联网应用广泛的服务之一，在当今的工作及生活中应用极为普遍。

2. 电子邮件的特点

电子邮件可以是文本、数据、图形、图像及音频、视频等多种形式。用户传送的信息存放在电子邮箱内，由收件人查看、保存或删除，发送与接收都十分迅速、方便。

用户可以通过电子邮件得到大量免费的新闻、专题邮件，并实现轻松的信息搜索。电子邮件的存在极大地方便了人与人之间的沟通与交流，促进了社会的发展。

能力训练

1. 电子邮件的格式和写法

在使用电子邮件对外或对内联络时，应当遵守一定的礼仪规范和格式标准。虽然个人习惯多有不同，但在撰写时一般都需要注意：收件人、抄送者、主题（标题）、内容等方面。

（1）收件人和抄送者。

传送电子讯息之前务必确认接收对象是否正确，以免造成不必要的困扰。必要时，抄送给相应需要知道进展情况的人员。

（2）主题和内容。

邮件一定要写明主题，主题要明确、精练，与内容相关，让人一望即知，以便对方快速了解与记忆。内容的称呼、正文、结束、落款/签名四点要尽量完整。

①称呼，如果知道收件人姓名，可以让对方感觉更友好。知道对方的性别可以用：×××先生、×××小姐；如果知道对方的身份可以用：×××老师、×××教授、×××经理、×××总、×××董事长等。

②正文，做到主题明确，语言流畅，内容简洁。用敬辞以示礼貌和尊重，字号字体恰当。

③结束，有结束语或感谢语，妥帖即可。

④落款/签名，在邮件中应该有落款/签名以示身份，签名中最好包含联系方式，以便对方能找到。

2. 参考例文

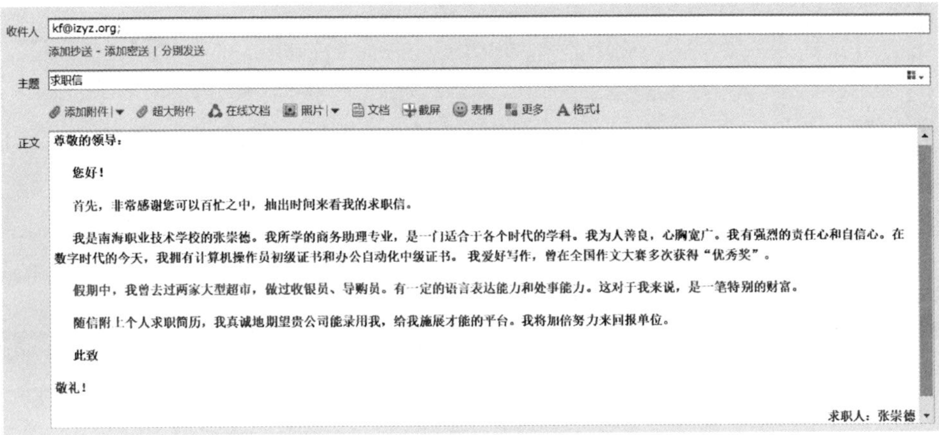
收件人 kf@izyz.org;

添加抄送 - 添加密送 | 分别发送

主题 求职信

添加附件 | 超大附件 在线文档 照片 | 文档 截屏 表情 更多 格式

正文 尊敬的领导：

您好！

首先，非常感谢您可以百忙之中，抽出时间来看我的求职信。

我是南海职业技术学校的张崇德。我所学的商务助理专业，是一门适合于各个时代的学科。我为人善良，心胸宽广。我有强烈的责任心和自信心。在数字时代的今天，我拥有计算机操作员初级证书和办公自动化中级证书。我爱好写作，曾在全国作文大赛多次获得“优秀奖”。

假期中，我曾去过两家大型超市，做过收银员、导购员。有一定的语言表达能力和处事能力。这对于我来说，是一笔特别的财富。

随信附上个人求职简历，我真诚地期望贵公司能录用我，给我施展才能的平台。我将加倍努力来回报单位。

此致

敬礼！

求职人：张崇德

3. 练一练

根据任务描述，帮助郝爱国写一份电子邮件给老师。

课后练习

一、填空题

电子邮件也叫______，英文称为______，简称______，是指通过互联网传递的邮件，是一种用电子手段提供信息交换的______。

二、选择题

1. 电子邮件可以是（　　）形式。

A. 文本和数据　　B. 图形和图像　　C. 音频和视频　　D. 以上都是

2. 电子邮件拟写的过程中，需要留意（　　）。

A. 严肃　　B. 口吻　　C. 谦逊　　D. 委婉

3. 电子邮件内容需包含（　　）内容。

A. 称呼及正文　　B. 结束语　　C. 落款/签名　　D. 以上都是

三、写作题

你是南海职业技术学校商务助理专业的学生，想参与学校在 3 月份举办的“文明风采”征文演讲比赛，你已初步拟写了征文的提纲和内容，想请你非常尊敬的一位老师帮你提些意见，请你拟写一封电子邮件给老师，并把你的征文初稿作为附件。

项目六　常用商务文书

任务一　策划书

任务描述

2019 年 5 月 20 日上午 10：00 至下午 6：00，南海职业技术学校 18 级商务助理 1 班全体同学将到小塘金沙滩开展一次名为“金沙滩之旅”的户外拓展活动。班主任黎老师让班长张崇德负责组织本次活动，以及制定相应的执行方案。

任务分析

（1）本次活动的目的是什么？

以班级为单位的户外拓展活动，就是为同学们之间的感情交流提供一个平台，增进同学们之间的友谊，使同学们一起度过一段美好的休闲时光，增强班级凝聚力。

（2）班长张崇德应该准备一份什么样的方案？

应该写一份简单的班级活动策划书。

（3）具体的执行方案有哪些？

应包括：前期准备、活动流程及注意事项。

知识链接

1. 策划书的概念

“策划”一词最早出现在我国古代南朝宋范晔的《后汉书·隗嚣传》中的“是以功名终申，策画复得”的要句，其中的“策画”与今天的“策划”相通。策划就是筹划、谋划，讲究创意。

策划书是指针对各种商务活动、社会活动，为了达到一定的目的所制定的具有创意性、可行性的行动计划的应用文书，也称策划文案、企划书等。

从策划的内容来看，策划书主要有市场商务策划书和专题活动策划书等，前者如营销策划书、广告策划书、新产品开发策划书等，后者如庆典活动策划书、比赛项目策划书、公益活动策划书等。这里主要介绍的是专题活动策划书。

计划是策划书的先导，有了计划之后就可以锁定目标，然后就这个目标的实现进行策划。同样是对尚未开展的工作进行筹划和安排。策划书与计划书的区别在于：计划不需要批准即可执行，无须论证；策划书需要上报，对其可行性进行简要论证，并预测其风险，经正式讨论通过后方可执行。

2. 策划书的写作要求

（1）一份专题活动策划书只能有一个主题，要选择一个针对所要达到目标的最合适的主题。

（2）专题活动策划书所涉及的具体活动，要紧紧围绕主题进行，尽量做到集中精简。太多的活动容易造成主次不分，成本提高，执行不力。

（3）一份策划书的活动安排应当周密具体，具有较强的可操作性。

（4）经费预算要合理、全面、留有余地。

（5）效果评估要依据目标，实事求是。

能力训练

1. 策划书的结构和写法

策划书的写作没有一个统一而固定的格式，因为不同的策划内容有其各自的特点和专业性，较常见的结构和写法如下所述。

（1）标题。

标题，常见的写法是“活动单位+活动名称+文种”的形式，如《××职业技术学院纪念建国70周年演讲比赛策划书》；也可写成“活动名称+文种”的形式，如《五·四篝火晚会策划书》；还可以写成“正标题+副标题”的形式，如《感恩与回报——××学校“母亲节”演讲比赛策划书》。标题不能只写文种名称。

（2）前言。

前言，简明扼要地介绍该项活动的背景情况，说明举办该项活动的意义，引出后面的具体策划内容。

（3）调查分析

调查分析，在先期调查的基础上，对该项活动的必要性和可行性做出具体的分析，明确工作的重点和方向。

（4）明确目标。

目标是执行策划的动力。确立目标可以根据组织活动的具体情况选择，如将目标分成总目标与分目标等，还要考虑是否符合客观实际，是否符合活动对象需要等。

（5）主题说明。

主题是整个策划的灵魂，是对活动内容的高度概括，统领着整个活动，连接着整个活动，连接着各个项目及步骤。活动的主题表现是多样的，既可以是一句口号，也可以是陈述式表白。主题设计必须贴近受众心理。

（6）宣传媒介。

策划书应当包括所策划的方式方法。一项专题只有让活动对象充分了解活动的内容和意义，才能使活动取得成功，所以选择有针对性、可行性和有效性的宣传媒介非常重要。

（7）活动计划。

活动计划是对具体活动的指导，应当周密具体、可操作，一般由活动的日期、地点和内容等构成。活动日期最好避开重大节日，而且要有具体的日程计划表，明确活动的起止日期。活动的内容安排包括具体项目和要采取的措施、方法、步骤及负责人等。

（8）经费预算。

无论举办什么活动，都要考虑成本问题，都要有必需的经费保证，所以要事先估计可能需要的各种支出。

（9）效果评估。

正确评估活动的效果，有助于组织者了解策划的实现程度，衡量活动的实际效果，调动活动成员的积极性。

（10）落款。

最后，署上策划者的名称和策划书的写作时间。

内容比较复杂的策划书一般单独设计封面，封面上的主要文字内容包括标题、策划者名称、策划书的写作时间等，这样就可以省略落款项。

2. 参考例文

××系迎新晚会策划书

【晚会目的及意义】

迎着新学年的晨曦，我们××系又迎来了新一届的同学，他们带着青春蓬勃的朝气和远大的志向加入到××系这个团结友爱的大家庭。我系打算通过举办迎新文艺晚会，师生共聚一堂，欢迎他们的到来，向大一新生展现我们××系师生最热情活泼的一面，也为他们的大学生活开启一篇崭新的乐章。同时，通过这次文艺晚会，提供一个展现个人魅力的舞台，发掘我系的文艺人才，并借以丰富全系师生的课余生活。

【晚会主题】

这台文艺晚会的主题是“春华秋实”。“华”即“花”，春天开花，秋天结果。一方面，用春天来比喻大一新生大学生活的开始，通过这次迎新晚会，来激励同学们迈好新生活的第一步，告诉他们春华秋实，汗水凝成收获。另一方面，用春华秋实来鞭策我们以后更加努力工作。

【晚会形式及内容】

全系各班级上报的节目数量不限，形式不限，内容尽量贴近主题。大一每个班至少要编排两个节目，具体的节目编排由各班班长负责和组织，然后再由策划组进行审核和培训。所有节目需提前彩排，合格的节目方可在这次文艺晚会上表演。节目演出次序由晚会策划组决定。

【面向对象】

①这次晚会的面向对象以我系学生为主，同时面向全校学生。

②届时，将邀请学校领导和系领导到场观看。

【晚会各环节安排】

①宣传和扩大影响力：由宣传部负责2张海报，1条条幅。其中，海报于演出前三天贴于校内人流量较多的地方；条幅悬挂于主教学楼前。其中，张贴和悬挂工作由办公室和宣传部负责。另外，文艺部干事必须定时检查海报有无被撕毁，若被撕毁应及时补贴。在晚会的前一周，制作好节目单，节目单共20份（份数以所邀请的嘉宾人数为依据）。节目单派发给到场嘉宾。由宣传部负责写稿，以便刊登于学校校报。选派人员负责晚会现场的摄影工作（主要控制当晚拍摄的内容、方式，晚会现场的整个过程不漏拍，拍摄角度多

样化）。

②礼仪小姐训练与安排：由女生部负责训练礼仪小姐4名，并负责准备绶带。礼仪小姐安排在校多功能会议厅前后入口处各2名，后入口的2名礼仪小姐负责迎接嘉宾老师，并带领他们入席；4名礼仪小姐还要负责节目单和饮料的分发。另外，女生部还要安排人员负责晚会当天的后台工作。

③选择主持人：主持人数量在4个左右，其中有2名新生。由同学或老师推荐，以及评选节目时候的观察，择优选拔形象气质佳，表达能力、组织能力及应变能力与责任心都较强的学生，组成风格和组成方式不限。

④晚会场地负责人：××。

⑤晚会节目负责人：××（相声小品、乐器），××（舞蹈），××（歌曲及其他）。

⑥通知领导负责人：××（负责联系学校、系里的领导参加晚会）。

⑦演员化妆负责人：××（负责当天的化妆工作）。

⑧晚会幻灯片制作负责人：系科技部。

⑨晚会结束后礼堂的打扫负责人：所有团委学生会的干部。

注：由晚会策划小组负责对各个部门及节目彩排的监督、协调和落实，负责整场晚会现场人员安排各项事宜的分工，协调各部门的工作，解决突发事件。学生会所有部门尽一切可能支持晚会工作。

【迎新晚会节目流程与形式】

正在制作中，等第一次预选结束后及时附上。

【迎新晚会工作日程安排】

①准备阶段：9月10日—9月24日。

②活动现场：9月25日。

③活动后的宣传与总结：9月26日。

★准备阶段策划

前期（节目素材成型阶段）

时间：9月10日—9月13日

第一，9月10日（周三）策划组人员与各班班主任、班长沟通，了解新生的特长及动员各班级同学，传达报名工作。可向各班班长或直接向策划组人员报名（报名名单注明选手的姓名、专业、节目、联系方式及备注无法自备的道具）。

第二，9月11日（周四）报名名单初步确定。

第三，9月12日（周五）21∶00前确定并通知考核人员在主教学楼302室进行节目评选。

第四，9 月 13 日（周六）确定正式人员名单，分配具体节目的负责人。

中期（排练阶段）

时间：9 月 14 日—9 月 22 日

第一，9 月 14 日（周日）各节目负责人上交排练的具体安排（时间、地点）。

第二，9 月 17 日（周三）各节目负责人汇报彩排进度及存在问题。

第三，9 月 18 日—9 月 19 日进一步调高节目水平，各节目负责人控制并反馈节目时间，准备道具和必需的设备，及时解决出现的问题。

第四，9 月 20 日（周六）确定各节目时间（××负责），打印节目单，刻录好晚会歌曲的光盘及 MP3 备份（××负责）。

第五，9 月 21 日（周日）：各节目汇报性的彩排，按最初拟定的顺序，于当日 19：00—21：00 在学校多功能会议厅彩排，确定最终的晚会节目单；演员服装：由外联部负责或演员自备；买齐晚会当天场地布置所需的所有设备（拉花、气球、荧光棒、口哨、饮用水、一次性纸杯，负责人：××）；商家赞助，由外联部送策划部。

第六，9 月 22 日：主持稿审查；海报两份，中午 12：00 之前贴于校内人流量较多的地方；布场的具体人员之间的协调通知。

后期（细节完善阶段）

时间：9 月 24 日

晚会倒计时

★活动现场

时间：9 月 25 日

16：30 场地布置

17：45 演出人员到场熟悉场地

18：15 主持人到场

18：35 礼仪小姐到场

18：55 礼仪小姐向嘉宾发送节目单

19：00 主持人宣布晚会正式开始

★活动后的宣传与总结

9 月 26 日，召集策划组人员对晚会结束后的宣传工作予以安排，宣传部（武××）将晚会情况撰稿至校报等处刊发。

【要求以及注意事项】

①晚会结束后立即开展清理会场工作。

②各负责人在尚未开展自己的工作或完成自己的工作时，请自觉参加其他负责人的工作以加快整体工作进程。

③如有不能马上归还的物品，先运回教学楼302室或相关负责人宿舍，并在之后的一天内由原定负责人送达。

④鼓励晚会的工作人员大胆创新、献计献策、团结协作、奋力拼搏。

⑤晚会结束后将对此次晚会的各项工作进行全面细致的总结。

⑥如对本策划有不明之处，请直接咨询策划组人员。

⑦相关负责人的联系方式。(略)

⑧节目应急方案：

第一，上一个节目演出时，其后的两个节目在后台准备，前一个节目由于各种原因无法按时演出时，下一个节目及时跟进。

第二，任一节目在演出过程中发生失误或无法顺利进行的情况时，由节目的领演人迅速组织演员重演此节目；若重演仍出现问题，则该节目立即退场，视具体情况决定其再次重演或取消。

⑨其他紧急情况发生时，由策划组负责处理。

【经费预算】

(略)

【迎新晚会预算效果及展望】

希望通过这次晚会的举办，能够增进同学之间的团结合作，培养我系广大同学踏实奋进的学习精神，展现我系昂扬向上的风采，促进各个专业的交流与相互了解，巩固我系文娱方面的优势地位，从而树立我系文娱晚会的品牌，为今后向学校举办的文娱晚会输送艺术人才打下良好的基础。

【晚会后期工作】

①为演员分发小礼品。

②书面总结。

③校园宣传。

策划人：××

2018年9月5日

3. 练一练

请根据策划书的结构与写法及任务分析和例文参考，练一练，完成任务一。

课后练习

一、填空题

1. “策划”一词最早出现在______。

2. 策划书是指针对各种______、______，为了达到一定的目的所制定的具有______、______的行动计划的应用文书。

3. 从策划的内容来看，策划书主要有______、______等。

二、判断题

1. 一份专题活动策划书可以有一个或多个主题。（　）

2. 一份策划书的活动安排应当周密具体，具有较强的可操作性。（　）

3. 策划书无须上报，写好了即可执行。（　）

4. 专题活动策划书所涉及的具体活动，要紧紧围绕主题进行，尽量做到集中精简。（　）

5. 太多的活动容易造成主次不分，成本提高，执行不力。（　）

6. 经费预算要合理、全面、留有余地。（　）

7. 策划书封面上的主要文字内容包括：标题、策划者名称、经费预算等。（　）

三、简答题

1. 广告策划书包括哪些内容？

2. 营销策划书的重点是什么？

3. 专题活动策划书的前期准备工作有哪些？

任务二　经济合同

任务描述

南海职业技术学校毕业生李明达在工作第三年准备开网店创业，为节约成本，计划租赁一间民居作为办公场地和商品仓库。欲拟写一份具有法律效力的租赁合同，起草内容如下：

公用房屋租赁合同

房屋坐落______区______街______胡同______号

房屋状况______　房屋使用面积______平方米

装修设备另附保管单______

月租金______元______角______分　起租日期______年______月______日

附记

______（以下简称出租方）管理的上列房屋租给______（以下简称承租方）使用，双方协商同意订立条款如下：

（1）本租约为乙方取得承租房屋使用权的凭证。甲乙双方均有遵守国家有关房屋法律、政策、法令的义务。

（2）房屋租金数额，由出租方根据本市现行租金标准核定。因房屋条件或租金标准变动时，其租额得予调整。每月租金，承租方应于当月15日前交清。

（3）甲方根据本市公房修缮标准检查、维修房屋和设备，保障使用安全和正常使用。在正常情况下，如因检查不周，维修不及时，以致房屋倒塌使承租方遭受经济损失时，由出租方负责赔偿。

（4）出租方鉴定房屋危险，不能继续使用，必须腾出时，承租方应按期迁出。

（5）承租方对承租的房屋及室内装修设备，应负责保管，爱护使用，注意防火、防冻。如因照管不周或使用不当造成损坏时，承租方负责修复或赔偿。

（6）承租方不得私自拆改、增添房屋或设备。如确属必需时，应事先取得出租方的同意或另行签订协议后方可动工，否则，承租方应负责恢复原状。

（7）承租方退租房屋时，应于7日前通知出租方并办清以下手续：

①交清租金、暖气费和应缴纳的赔偿费。

②按租约交清负责保管的房屋及装修设备。

③撤销租约。

（8）承租方有下列情况之一时，出租方可以终止租约，收回房屋：

①把承租的房屋转租、转借或私自交换使用的。

②未经出租方同意私自改变承租用途的。

③无故拖延租金三个月以上的。

（9）租赁房屋危及承租人的安全或者健康的，即使承租人订立合同时明知该租赁物质量不合格，承租人仍然可以随时解除合同。

（10）本租约自立约日起生效，一式两份，甲乙方各执一份，如有未尽事宜，双方协商解决。

出租方：(盖章)　　　　　　　　承租方：(盖章)

立约日期：______年______月______日

房屋租赁合同装修设备保管单

名称	单位	数量	现状	备注
门窗玻璃	块			
纱窗	扇			
电灯	盏			
光灯	盏			
水龙头	个			
洗菜池	套			
门锁	个			
家具	件			
便池	个			

任务分析

(1) 租赁合同属于什么文书？

房屋租赁合同，是指房屋出租人和承租人双方签订的关于转让出租房屋的占有权和使用权的协议，属于经济合同。

(2) 签订租赁合同时，应注意什么？

①承租方应：查看出租人的房产证明和有效身份证明；审核出租人的《房屋租赁证》；签订租房合同时，应问清房租包含的内容，水、电、暖、煤气（天然气）和物业管理费由谁承担；要求出租人在房屋出租前结清水、电、暖、煤气（天然气）和其他费用；商议付款方式。

②出租方应：查看身份证明，外省市人员在本地居住是否有合法居住证明；承租人租房用途，并在合同中约定不得有违法行为。

知识链接

1. 经济合同概念

经济合同又叫经济契约，是经济活动中的当事人双方或多方为实现一定的经济目的，明确相互权利和义务关系而依法签订并共同遵守的契约性文书。

2. 经济合同的特点

（1）内容的经济性。

明确双方经济业务关系。

（2）法律的约束性。

合同中确定的责权利必须符合法律的相关规定，一旦签订即生法律效力，必须遵守，发生纠纷可以通过仲裁和起诉，违背时要承担相应的违约责任。

（3）效能的时限性。

写明履行合约的期限和日期，超期则违约。

（4）各方的对等性。

权利和义务平等，同等受法律保护，不得采取胁迫、欺诈手段，需反映双方的一致意见；同时，合同各方无论大小、强弱、地位高低都是平等的法律地位。

（5）格式的规范性。

根据内容的不同，工商部门有专门的示范文本和签订制度；语言简洁明确，如《购销合同》《建筑工程承包合同》《借款合同》《科技协作合同》等。

3. 经济合同的种类

按内容和功能分，主要有购销合同、建筑工程承包合同、加工承揽合同、货物运输合同、供用电合同、仓储保管合同、财产租赁合同、借款合同、财产保险合同、科技协作合同等。

按合同有效期限划分，可分为短期、中期和长期合同。

按书面表达形式分类，可分为条款式经济合同、表格式经济合同、条款和表格组合式经济合同。

能力训练

1. 经济合同的写法

（1）首部。

①标题，具体如下：

一是合同种类，如《空调买卖合同》《基本建设借款合同》；

二是合同的有效期限+合同种类，如《2019 年第三季度运输合同》；

三是单位名称+合同种类，如《××矿务局、××货运公司货物运输合同》；

四是混合式标题，如《××经贸公司、××纺织厂 2019 年纺织品买卖合同》。

②约部（合同当事人名称或姓名），即立合同人，具体如下：

标题左下方顶格书写。点明当事人在合同中的地位（借款人、贷款人，出租人、承租人，定作人、承揽人，发包人、承包人）。营业执照上核准的全称；不能写简称、代称、代号。可在括号里注明“甲方”“乙方”，不能写“你方”“我方”。

（2）主体部分。

①引言，简要说明订立合同的目的或依据，如“为了……，经双方充分协商，特订立本合同，以资共同遵守。”

②重要条款，标的：标的是合同当事人权利和义务所共同指向的对象，即当事人要求实现的目的。标的可以是实物、劳务、货币、工程项目、智力成果等。

③数量和质量要求。数量是确定双方权利和义务大小的标准，是对标的的具体计量，如借款金额，购买货物数量。明确计量单位，并使用法定的标准计量单位，如用“千克”，不能用“市斤”。

数量规定要准确、具体，如购销合同，不仅应写明总的数量，而且要规定按月、按旬甚至按日分批购销的数量。

质量是对标的质的要求，如产品、工程、劳务的优劣程度，是标的内在素质和外观形态的综合。

详细写明质量要求和标准。不明确的，采用国家标准、行业标准、通常标准、符合合同目的的特定标准。

④价款或报酬。标的的价金，指取得对方产品或接受对方劳务等所支付的代价。以实物为标的的叫“价款”，以劳务为标的的叫“报酬”。

用人民币计算和支付。除国家允许使用现金履行义务的以外，应当通过银行转账或者票据核算。明确总价、单价、货币计算标准、付款方法、程序、结算方式，若与外方合作，要写明支付币种。

⑤合同履行的期限、地点和方式。履约期限是合同的有效期限，是合同法律效力的时限和责任界限，过时属违约。

日期用公元纪年。具体到年、月、日，不能笼统写“年内交货”。履行的地点是当事人履行合同义务、完成标的任务的地点。交货地点、付款地点、验收地点履行的方式是当事人履约的具体办法，即采用什么方法来实现合同所规定的当事人权利和义务，标的的交付、提取方式、价款或者酬金的结算方式、包装、验收方法等。

⑥违约责任，又称“罚则”，指合同的当事人不能履约或不能完全履约时，所要承担的经济责任和法律后果。一方或双方，如属双方的过错，则应根据实际情况，由双方分别承担各自所应承担的违约责任。

主要方式：支付违约金和赔偿金与其他承担责任的形式。

法定或预先约定的，不管是否给对方造成实际损失，违约方都要支付违约金。一方违约给另一方造成损失而没有违约金或违约金不足以弥补损失时，要偿付赔偿金。

(3) 尾部（结尾和落款）。

合同的有效期限：指合同执行生效、终止的时间，如自×年×月×日生效，双方代表签字之日起生效。

合同的文本、份数、保管人及报送机关。本合同正本一式两份，双方各执一份；合同副本一式×份，各留存一份。

合同的附件：合同附件×份和合同正本一样具有同等的法律效力。

合同的变更或者解除：合同履行期间，当事人双方均不得变更或解除合同。

合同的未尽事宜：合同如有未尽事宜，须经双方共同协商，作出补充规定，补充规定与本合同具有同等效力；落款如当事人的名称、签章、法定通信地址、法人代表、银行账号、签约日期、地点等。

2. 经济合同写作要求

(1) 要熟悉有关法律法规和方针政策，不与国家法律相抵触；不得扰乱社会经济秩序；不得损害国家、公众利益；不能超越自己的经营范围；代理人不能超越代理权限，不能没有授权委托书签订合同。

(2) 要精通业务，了解情况，调查签约人身份，调查签约人履行合同的能力。

(3) 要在平等协商、取得一致意见的基础上确定各项条款合同内容是当事人意愿的真实体现，采取欺诈、胁迫手段签订的合同，应被视为无效合同。

(4) 要认真书写，不得随意涂改。

如遇错误或特殊情况需修改时，将双方同意的修改意见作为附件附上，如在原件上修改，应加盖双方的印章。为防止伪造条款或增减页数，可在一式几份的合同上做一个相同的记号，如在骑缝处加盖印章等。

3. 注意事项

（1）内容完整具体。

①买卖合同中的标的物，不仅要写明数量，还要明确计量单位；不仅要标明品种、规格型号，而且要说明质量的技术要求和标准。

②价款和报酬，要有计算标准、结算方式和程序。

③包装材料，包装方法，运输方式，保管、验收、交货日期，合同双方承担的风险等条款要完备。

④产品重量，是计毛重，还是计净重。

⑤包装材料能否反复使用，费用计算方法。

⑥产品是按日、按旬交货，还是按月、按季交货，如“分期分批装运”。

（2）清楚明确。

①概念明确，防止歧义：赔偿、补偿、违约金、赔偿金、罚金。

要有一致理解：短途运费由出卖人负担。

忌用模糊概念：甲方负责筹集“三材”。

慎用量词：先由甲方运回一车。

②语意明确，避免空话。

希望，争取，可能，确保产品质量。

甲方要求乙方在2022年5月7日前竣工。

③正确使用标点符号。

质量标准“无杂质、(。×) 腐烂”。

课后练习

简答题

1. 什么是经济合同？

2. 经济合同一般包括几个部分？

任务三　劳动合同

任务描述

南海职业技术学校2016级家电维修专业的学生郭善技，到本市苏宁公司家电维修部应聘成功。现苏宁公司人事部主任让李安为其拟定一份具有法律效力的文书让双方签署。文书中的某些重要内容还需进一步完善。该文书具体内容如下：

编号__________

姓名__________

广东省劳动合同书
广东省人力资源和社会保障厅印制
签订劳动合同须知

一、本劳动合同样本依据《中华人民共和国劳动法》《中华人民共和国劳动合同法》、劳动和社会保障部及广东省的有关规定制定。

二、订立劳动合同应当遵循合法、公平、平等自愿、协商一致、诚实信用的原则。

三、劳动合同应当用钢笔或毛笔认真填写。有约定事项的，经审查备案编号，双方签字盖章，以活页形式插入。劳动合同内容不得涂改。未经合法授权代签无效。

四、劳动合同依法订立后具有约束力，用人单位与劳动者应当按照劳动合同的约定，全面履行各自的义务。

五、劳动合同期限内合同条款发生变更或者劳动合同期满需续订的，应将签订的相关“协议书”附后。

甲方（用人单位）简明情况（略）

乙方（劳动者）简明情况（略）

一、劳动合同期限

第一条 固定期限：本合同期限自_____年_____月_____日起至_____年_____月_____日止。其中，试用期自_____年_____月_____日起至_____年_____月_____日止。

无固定期限：本合同期限自_____年_____月_____日起。其中，试用期自_____年_____月_____日起至_____年_____月_____日止。

以完成__________________等工作任务为期限：本合同自_____年_____月_____日起，预计至_____年_____月_____日止。工作任务完成经甲方验收后，则本合同即行终止。

二、工作内容和工作地点

第二条 甲方安排乙方的工作岗位（工种）为__________，工作地点为__________，因生产工作需要，甲乙双方协商一致，可以变更岗位（工种）以及工作地点。

三、劳动保护、劳动条件和职业危害防护

第三条 甲方应当遵守国家法律法规，依法建立和完善劳动规章制度，保障乙方享有劳动权利、履行劳动义务。乙方应当自觉维护国家利益和甲方的合法权益，遵守甲方依照国家法律法规制定的各项规章制度，在本岗位的职责范围内，服从甲方的工作安排。

第四条 甲方依法为乙方提供符合国家规定的劳动安全卫生条件和必要的劳动防护用品。对从事有职业危害作业的，按国家规定进行定期健康检查。乙方应当认真履行工作职责，爱护生产工具和设备，按时、按质、按量地完成甲方规定的工作任务或劳动定额。

第五条 甲方对乙方进行安全教育，为乙方提供本职工作所必需的职业技能培训。

第六条 乙方应当保守甲方的商业秘密。对违反保密义务给甲方造成损失的，要承担经济赔偿责任。

四、工作时间和休息休假

第七条 甲方安排乙方执行__________工作制。

执行标准工作制的，甲方安排乙方每日工作时间不超过 8 小时，平均每周不超过 40 小时。甲方保证乙方每周至少休息 1 日。甲方由于工作需要，经与工会和乙方协商后可以延长工作时间，一般每日不得超过 1 小时，因特殊原因需要延长工作时间的，在保障乙方身体健康的条件下延长工作时间每日不得超过 3 小时，每月不得超过 36 小时。

执行综合计算工时工作制的，平均日和平均周工作时间不超过法定标准工作时间。

执行不定时工作制的，在保证完成甲方工作任务情况下，工作和休息休假由乙方自行安排。

第八条 甲方执行《中华人民共和国劳动法》第四章及国家关于休息休假的相关规定，保障乙方的休息休假权利。

五、劳动报酬

第九条 乙方在法定工作时间内为甲方提供了正常劳动后，甲方以货币形式按时支付不低于省人民政府规定的最低工资标准的工资。在履行合同期间，甲方支付给乙方的工资为：其中，试用期工资为：______。

第十条　非乙方原因造成的待岗，在待岗期间，甲方支付给乙方基本生活费，其标准为：____________。

第十一条　履行劳动合同期间，甲方视生产经营情况和乙方的工作实绩，按甲方的有关规定调整乙方的劳动报酬。

六、社会保险和福利待遇

第十二条　甲方依法为乙方缴纳各种社会保险，属乙方个人缴纳部分，由甲方从乙方工资中代为扣缴，甲方接受乙方对缴纳情况的查询。

第十三条　乙方履行合同期间，患病、负伤、因工伤残、患职业病，退休、死亡及女职工生育等社会保险与福利待遇，按照国家法律法规及甲方依法制定的劳动规章制度执行。

七、劳动合同的解除、终止和续订

第十四条　履行合同期间，甲乙双方若需解除或者终止劳动合同，应当按《中华人民共和国劳动合同法》第四章的有关条款执行。

第十五条　符合《中华人民共和国劳动合同法》第四十六条规定情形的，甲方应当向乙方支付经济补偿。经济补偿在双方当事人办理工作交接时支付。

第十六条　固定期限的劳动合同期满前30日，甲方应将终止或续订劳动合同的意向通知乙方。届时办理终止或续订手续。

第十七条　甲方在解除或者终止劳动合同时为乙方出具解除或者终止劳动合同的证明，并在15日内为劳动者办结档案和社会保险关系转移手续。乙方应当按照双方约定办理工作交接。

八、约定事项

第十八条　经双方协商一致，约定以下款项（选择打“√”）：

（一）见插入的活页。

（二）无。

九、其他

第十九条　甲乙双方履行本合同期间如发生劳动争议，应当平等协商解决，协商无效时，可按法定程序申请调解、仲裁、提起诉讼。

第二十条　合同期内，所定条款与国家颁布的劳动法律法规不符的，甲乙双方均应按新规定执行。

第二十一条　本劳动合同一式三份，甲乙双方各执一份，存乙方档案一份，自签订之日起生效。

甲方（盖章）：　　　　　　　　　　　　　乙方（签字）：

法定代表人（委托代理人）（签章）：

合同签订日期：

任务分析

（1）这是一份什么文书？

劳动者与用人单位之间确立劳动关系，明确双方权利和义务，应签订劳动合同。

（2）该文书中哪些内容比较重要？

劳动合同期限、工作内容、劳动保护和劳动条件、劳动报酬、违反劳动合同的责任等内容都比较重要，必须反复阅读并补充填写完整。最后，甲、乙双方都要同时签名确认并盖章。合同签订日期的书写也要严谨，不能马虎。

知识链接

1. 劳动合同的概念

劳动合同，是指劳动者与用人单位之间确立劳动关系，明确双方权利和义务的协议。订立和变更劳动合同，应当遵循平等自愿、协商一致的原则，不得违反法律、行政法规的规定。劳动合同依法订立即具有法律约束力，当事人必须履行劳动合同规定的义务。

2. 劳动合同的特征

劳动合同除了具有合同的共同特征外，还有自己独有的下列特征：

①劳动合同主体具有特定性。一方是劳动者，即具有劳动权利能力和劳动行为能力的中国人、外国人和无国籍人；另一方是用人单位，即具有使用劳动能力的权利能力和行为能力的企业个体经济组织、事业组织、国家机关、社会团体等用人单位。双方在实现劳动过程中具有支配与被支配、领导与服从的从属关系。

②劳动合同内容具有劳动权利和义务的统一性和对应性。没有只享受劳动权利而不履行劳动义务的，也没有只履行劳动义务而不享受劳动权利的。一方的劳动权利是另一方的劳动义务，反之亦然。

③劳动合同客体具有单一性，即劳动行为。

④劳动合同具有诺成、有偿、双务合同的特征。劳动者与用人单位就劳动

合同条款内容达成一致意见，劳动合同即成立。用人单位根据劳动者劳动的数量和质量给付劳动报酬，不能无偿使用劳动力。劳动者与用人单位均享有一定的权利并履行相应的义务。

⑤劳动合同往往涉及第三人的物质利益关系。劳动合同必须具备社会保险条款，同时劳动合同双方当事人也可以在劳动合同中明确规定有关福利待遇条款，而这些条款往往涉及第三人物质利益待遇。

3. 劳动合同的种类

①固定期限劳动合同，是指用人单位与劳动者约定合同终止时间的劳动合同。用人单位与劳动者协商一致，可以订立固定期限劳动合同。

②无固定期限劳动合同，是指用人单位与劳动者约定无确定终止时间的劳动合同。原劳动法规定的长期合同。

③单项劳动合同，即没有固定期限，以完成一定工作任务为期限的劳动合同，是指用人单位与劳动者约定以某项工作的完成为合同期限的劳动合同。

能力训练

1. 劳动合同的写法

小提示

劳动合同的内容可分为两方面：一方面是必备条款的内容；另一方面是协商约定的内容。

《劳动法》第十九条规定了劳动合同的法定形式是书面形式，其必备条款有 7 项。

（1）劳动合同期限。

法律规定合同期限分为三种：有固定期限，如 1 年期限、3 年期限等均属这一种；无固定期限，合同期限没有具体时间约定，只约定终止合同的条件，无特殊情况，这种期限的合同应存续到劳动者到达退休年龄；以完成一定的工作为期限。例如：劳务公司外派一员工去另外一公司工作，两个公司签订了劳务合同，劳务公司与外派员工签订的劳动合同期限是以劳务合同的解除或终止而终止，这种合同期限就属于以完成一定工作为期限的种类。用人单位与劳动者在协商选择合同期限时，应根据双方的实际情况和需要来约定。

（2）工作内容。

在这一必备条款中，双方可以约定工作数量、质量，劳动者的工作岗位等内容。在约定工作岗位时，可以约定较宽泛的岗位概念，也可以另外签一个短期的岗位协议作为劳动合同的附件，还可以约定在何种条件下可以变更岗位条款等。掌握这种订立劳动合同的技巧，可以避免工作岗位约定过死，因变更岗位条款协商不一致而发生的争议。

（3）劳动保护和劳动条件。

在这方面可以约定工作时间和休息休假的规定，各项劳动安全与卫生的措施，对女工和未成年工的劳动保护措施与制度，以及用人单位为不同岗位劳动者提供的劳动、工作的必要条件等。

（4）劳动报酬。

此必备条款可以约定劳动者的标准工资、加班加点工资、奖金、津贴、补贴的数额及支付时间、支付方式等。

（5）劳动纪律。

此条款应当将用人单位制定的规章制度约定进来，可采取将内部规章制度印制成册，作为合同附件的形式加以简要约定。

（6）劳动合同终止的条件。

这一必备条款一般是在无固定期限的劳动合同中约定，因这类合同没有终止的时限，但其他期限种类的合同也可以约定。须注意的是，双方当事人不得将法律规定的可以解除合同的条件约定为终止合同的条件，以避免出现用人单位应当在解除合同时支付经济补偿金而改为终止合同不予支付经济补偿金的情况。

（7）违反劳动合同的责任。

一般约定两种违约责任形式：一种是一方违约赔偿给对方造成的经济损失，即赔偿损失的方式；另一种是约定违约金的计算方法，采用违约金方式应当注意根据职工一方的承受能力来约定具体金额，避免出现显失公平的情形。违约，不是指一般性的违约，而是指严重违约，致使劳动合同无法继续履行，如职工违约离职，单位违法解除劳动合同等。

2. 参考例文

劳动合同

合同编号：

甲方：　　　　　　　　乙方：

单位名称：　　　　　　姓名：

法定代表人：　　　　　性别：

委托代理人：　　　　　出生年月：

厂址：　　　　　　　　家庭地址：

所属区：

根据《上海竟成印刷厂实行全员劳动合同制暂行规定》（以下简称《暂行规定》）和上海市劳动局《本市全民所有制企业实行全员劳动合同制试行办法》的有关规定：在平等自愿，协商一致的原则下，双方订立合同如下：

一、合同类别和合同期限

1. 有固定期劳动合同履行期限为年。自______年______月______日起，至______年______月______日止，其中试用期为______个月（自______年______月______日至______年______月______日止）；乙方必须为甲方服务期限为年（自______年______月______日至______年______月______日止）。合同期满应即终止，如甲方工作（生产）需要在双方同意的条件下，应即续订合同。

2. 无固定期劳动合同自______年______月______日起，直至《暂行规定》中约定的条款发生时自行终止。其中乙方必须为甲方服务期限为年（自______年______月______日至______年______月______日止）。

二、工作岗位

1. 甲方根据生产和工作的需要，并参照乙方的工作技能或特长，经考核后择优上岗或安排适当的工作。上岗前应按照《上海竟成印刷厂岗位聘用实施办法》与所在部门签订上岗聘约。上岗聘约为本合同附件。

2. 甲方因生产和工作需要或根据乙方的工作能力和表现情况，可调动乙方的工作部门工作岗位，在征求乙方意见时，如无特殊情况，乙方应以服从为原则。

3. 双方有关岗位聘用、解聘等事项按《上海竟成印刷厂岗位聘用实施办法》和《上海竟成印刷厂职工下岗待聘的暂行规定》办理。

三、双方的责任和义务

1. 甲方应根据国家有关劳动保护、安全生产的法规制度，采取有效措施，为乙方提供良好的劳动环境和工作条件，加强对职工的安全、卫生和劳动保护，并根据生产和实际工作需求发给乙方必要的劳防用品和保健营养待遇。同时，对女职工应酌情实行特殊保护。

2. 甲方根据企业生产和经济发展情况，不断提高和改善职工生活福利待遇，并提供必要的集体生活设施和娱乐场所。

3. 甲方根据生产和工作需求，对职工提供必要的专业技术培训和业务进修条件，并进行政治文件学习、安全生产和厂规厂纪教育等。

4. 乙方有参加甲方民主管理，获得政治荣誉和物质奖励的权利。

5. 乙方上岗后应按照甲方的生产和工作要求，掌握本岗位的工作技能和操作规程，按质按量地完成各项规定的生产和工作任务，并接受甲方职能部门的有关考核。

6. 乙方在合同期内，应树有良好的职业道德和主人翁精神风貌，维护企业声誉，爱护集体财产。

四、劳动报酬

1. 甲方实行本企业的内部工资分配形式并根据“按劳分配”的原则，按照岗位的劳动技能高低、工作责任大小、劳动强度和劳动条件优劣情况，确定乙方的劳动报酬，随着生产经营发展和经济效益增长的情况，逐步提高乙方劳动报酬和有关福利待遇。

2. 乙方工资、奖金、浮动工资、岗位工资、加班工资和相应的福利津贴等，仍按甲方现行的规定按月发放。

3. 乙方在生产或工作中有突出贡献及特殊成绩的，甲方可给予必要的精神奖励和物质鼓励或晋级工资。

五、福利待遇和劳动保险

1. 在劳动合同期间，乙方仍享受统一规定的有关津贴，物价补贴、计划生育、住房补贴、养老保险、独生子女费及法定的公休节假日、探亲假、婚丧假、产假和甲方规定的职工休假等。

2. 在劳动合同期间内，乙方因工或非因工死亡的待遇及家属劳保待遇等仍按国家现行政策规定执行。

3. 劳动合同期间内，乙方患病或非因工负伤期间的有关待遇仍按国家现行的有关政策和本单位规章制度执行。对乙方的停工医疗期按《上海竟成印刷厂实行全员劳动合同制的暂行规定》中的有关条款执行。

4. 被列入下岗待聘范围的人员，其各种待遇按照《上海竟成印刷厂下岗待聘的暂行规定》执行。

5. 乙方到达离退休年龄，其离退休待遇仍按国家现行政策规定执行。

六、劳动纪律

乙方在劳动合同期间内必须自觉地遵守国家的有关法规法纪、遵守劳动纪律和甲方制定的各种规章制度，如有违纪违章行为，甲方有权按有关厂规厂纪规定给予必要的处罚。

七、合同的变更、终止和解除

1. 凡有固定期限的劳动合同，期限届满时即为终止，甲乙双方经协商后可续订劳动合同。

2. 合同双方在履行劳动合同过程中，如发生特殊情况，无法履行劳动合同的有关内容，经双方协商一致后，可变更劳动合同的有关内容，但必须办理变更手续。

3. 职工到达规定的离退休年龄或因病丧失劳动能力提前退休时，劳动合同自然终止。

4. 在劳动合同期间，任何一方要求解除劳动合同，除属《上海竟成印刷厂实行全员劳动合同制暂行规定》（简称《暂行规定》）中的第十六条第一、第二、第三、第四款以外，必须提前1个月以书面形式通知对方，方可办理解除劳动合同的手续。

5. 在劳动合同期限内，乙方如属《暂行规定》中第十六条规定之一的，甲方可以解除劳动合同。

6. 乙方在劳动合同期限内，如遇有《暂行规定》第十八条规定之一的，甲方不得解除劳动合同。

7. 乙方在劳动合同期限内，如遇有《暂行规定》第十七条规定之一的，可向甲方提出解除劳动合同。

8. 被解除劳动合同的乙方人员，甲方根据《暂行规定》的有关条款办理有关手续。

八、违约责任

1. 在合同期内，甲方除《暂行规定》第十六条、第十九条、乙方除《暂行规定》第十七条规定的条件外，均不得解除劳动合同或自行离职，否则应支付违约金500元。

2. 甲乙双方必须严格履行劳动合同，除遇有特殊情况，经双方协商一致不能履行劳动合同的有关内容外，任何一方违反合同给对方造成经济损失的，应根据其后果和责任大小，给对方赔偿经济损失。赔偿金额按有关规定或实际情况确定。

3. 凡由甲方出资对乙方进行培训、学历学习、进修或分房的人员，其有离职、调动或违约时，均按《上海竟成印刷厂关于职工在服务期内离岗及违约赔偿办法》有关规定执行。

九、双方需要约定的有关条款

1. 本合同未尽事宜，均按《暂行规定》的有关规定办理。

2. 本合同的有关规定在执行过程中，如与国家新颁布的有关规定相抵触时，应按照国家规定执行。甲乙双方需要修订或补充的，可协商修订、补充。

十、劳动争议的调解、仲裁

因履行劳动合同发生争议，当事人应当从知道或知道其权利被侵害之日起六个月内向企业劳动争议调解委员会申请调解，也可在争议发生之日起6个月内或企业调解不成30日内，按规定向虹口区劳动争议仲裁委员会申请仲裁。

本劳动合同依法成立，具有法律效力，经甲乙双方签字后生效。此合同一式两份，企业和职工各执一份。

甲方：　　　　　　　　　　　　　　乙方：

法定代表人（签章）：　　　　　　　（签章或签名）

委托代表人（签章）：

合同签订日期：　　年　月　日　　　合同签订日期：　　年　月　日

鉴证单位：

鉴证日期：

注：签订本劳动合同必须用钢笔书面，不得使用圆珠笔。

3. 练一练

请根据劳动合同的结构与写法及任务分析和例文参考，练一练，完成任务三。

课后练习

一、单项选择题

1. 订立劳动合同，应当遵守合法、（　　）、平等自愿、协商一致、诚实信用原则。

A. 公道　　B. 公认　　C. 公开　　D. 公平

2. 用人单位自（　　）起即与劳动者建立劳动关系。

A. 用工之日　　B. 签订合同之日

C. 上级批准设立之日　　　　D. 劳动者领取工资之日

3.《劳动合同法》规定，建立劳动关系，（　　）订立书面劳动合同。

A. 可以　　B. 应当　　C. 需要　　D. 无须

4. 已经建立劳动关系，未同时订立书面劳动合同的，应当自用工之日起（　　）内订立书面劳动合同。

A. 15 日　　B. 1 个月　　C. 2 个月　　D. 3 个月

5. 以下属于劳动合同必备条款的是（　　）。

A. 劳动报酬　　B. 试用期　　C. 保守商业秘密　　D. 福利待遇

6. 劳动合同期限 1 年以上不满 3 年的，试用期不得超过（　　）。

A. 1 个月　　B. 2 个月　　C. 0.5 个月　　D. 1.5 个月

7. 劳动合同被确认无效，劳动者已付出劳动的，用人单位（　　）向劳动者支付劳动报酬。

A. 可以　　B. 不必　　C. 应当　　D. 不得

8. 变更劳动合同应当采用（　　）形式。

A. 书面　　B. 口头　　C. 书面或口头　　D. 书面和口头

9. 变更后的劳动合同文本，（　　）。

A. 由用人单位和劳动者各执一份　　B. 由用人单位留存备查

C. 由劳动者一方保存　　D. 由劳动行政部门保存

10. 劳动者提前（　　）日以书面形式通知用人单位，可以解除劳动合同。

A. 3　　B. 10　　C. 15　　D. 30

二、判断题

1. 用人单位以暴力、威胁或者非法限制人身自由的手段强迫劳动者劳动的，劳动者可以立即解除劳动合同，不需事先告知用人单位。（　　）

2. 劳动者严重违反用人单位的规章制度的，用人单位不可以解除劳动合同。（　　）

3. 用人单位自用工之日起超过 1 个月不满 1 年未与劳动者订立书面劳动合同的，应当向劳动者每月支付 3 倍的工资。（　　）

4. 非全日制用工，是指以小时计酬为主，劳动者在同一用人单位一般平均每日工作时间不超过 4 小时，每周工作时间累计不超过 24 小时的用工形式。（　　）

5. 非全日制用工，双方当事人不能约定试用期。（　　）

6. 用人单位经济性裁员时，应当优先留用年老体弱的职工。（　　）

7. 用人单位违法解除或者终止劳动合同，劳动者要求继续履行劳动合同

的，用人单位可以无视。 (　　)

8. 劳动合同依法被确认无效，给对方造成损害的，有过错的一方应当承担赔偿责任。 (　　)

9. 用人单位违法解除或者终止劳动合同的，应当依照法定经济补偿标准的3倍向劳动者支付赔偿金。 (　　)

10. 同一用人单位与同一劳动者经双方统一协商后能随意约定试用期。 (　　)

附　录

APPENDIX

附录 1

国家行政机关公文处理办法

（国务院 2000 年 8 月 24 日发布，2001 年 1 月 1 日起实施）

第一章　总则

第一条　为使国家行政机关（以下简称行政机关）的公文处理工作规范化、制度化、科学化，制定本办法。

第二条　行政机关的公文（包括电报，下同），是行政机关在行政管理过程中形成的具有法定效力和规范体式的文书，是依法行政和进行公务活动的重要工具。

第三条　公文处理指公文的办理、管理、整理（立卷）、归档等一系列相互关联、衔接有序的工作。

第四条　公文处理应当坚持实事求是、精简、高效的原则，做到及时、准确、安全。

第五条　公文处理必须严格执行国家保密法律、法规和其他有关规定，确保国家秘密的安全。

第六条　各级行政机关的负责人应当高度重视公文处理工作，模范遵守本办法，并加强对本机关公文处理工作的领导和检查。

第七条　各级行政机关的办公厅（室）是公文处理的管理机构，主管本机关的公文处理工作并指导下级机关的公文处理工作。

第八条　各级行政机关的办公厅（室）应当设立文秘部门或者配备专职人员负责公文处理工作。

第二章　公文种类

第九条　行政机关的公文种类主要有：

（一）命令（令）适用于依照有关法律公布行政法规和规章；宣布施行重大强制性行政措施；嘉奖有关单位及人员。

（二）决定　适用于对重要事项或者重大行动做出安排，奖惩有关单位及人员，变更或者撤销下级机关不适当的决定事项。

（三）公告　适用于向国内外宣布重要事项或者法定事项。

（四）通告　适用于公布社会各有关方面应当遵守或者周知的事项。

（五）通知　适用于批转下级机关的公文，转发上级机关和不相隶属机关的公文，传达要求下级机关办理和需要有关单位周知或者执行的事项，任免人员。

（六）通报　适用于表彰先进，批评错误，传达重要精神或者情况。

（七）议案　适用于各级人民政府按照法律程序向同级人民代表大会或人民代表大会常务委员会提请审议事项。

（八）报告　适用于向上级机关汇报工作，反映情况，答复上级机关的询问。

（九）请示　适用于向上级机关请求指示、批准。

（十）批复　适用于答复下级机关的请示事项。

（十一）意见　适用于对重要问题提出见解和处理办法。

（十二）函　适用于不相隶属机关之间商洽工作，询问和答复问题，请求批准和答复审批事项。

（十三）会议纪要　适用于记载、传达会议情况和议定事项。

第三章　公文格式

第十条　公文一般由秘密等级和保密期限、紧急程度、发文机关标识、发文字号、签发人、标题、主送机关、正文、附件说明、成文日期、印章、附注、附件、主题词、抄送机关、印发机关和印发日期等部分组成。

（一）涉及国家秘密的公文应当标明密级和保密期限，其中，“绝密”“机密”级公文还应当标明份数序号。

（二）紧急公文应当根据紧急程度分别标明“特急”“急件”。其中，电报应当分别标明“特提”“特急”“加急”“平急”。

（三）发文机关标识应当使用发文机关全称或者规范化简称；联合行文，主办机关排列在前。

（四）发文字号应当包括机关代字、年份、序号。联合行文，只标明主办机关发文字号。

（五）上行文应当注明签发人、会签人姓名。其中，“请示”应当在附注处注明联系人的姓名和电话。

（六）公文标题应当准确简要地概括公文的主要内容并标明公文种类，一般应当标明发文机关。公文标题中除法规、规章名称加书名号外，一般不用标点符号。

（七）主送机关指公文的主要受理机关，应当使用全称或者规范化简称、统称。

（八）公文如有附件，应当注明附件顺序和名称。

（九）公文除“会议纪要”和以电报形式发出的以外，应当加盖印章。联合上报的公文，由主办机关加盖印章；联合下发的公文，发文机关都应当加盖印章。

（十）成文日期以负责人签发的日期为准，联合行文以最后签发机关负责人签发日期为准。电报以发出日期为准。

（十一）公文如有附注（需要说明的其他事项），应当加括号标注。

（十二）公文应当标注主题词。上行文按照上级机关的要求标注主题词。

（十三）抄送机关指除主送机关外需要执行或知晓公文的其他机关，应当使用全称或者规范化简称、统称。

（十四）文字从左至右横写、横排。在民族自治地方，可以并用汉字和通用的少数民族文字（按其习惯书写、排版）。

第十一条　公文中各组成部分的标识规则，参照《国家行政机关公文格式》国家标准执行。

第十二条　公文用纸一般采用国际标准 A4 型（210mm×297mm），左侧装订。张贴的公文用纸大小，根据实际需要确定。

第四章　行文规则

第十三条　行文应当确有必要，注重效用。

第十四条　行文关系根据隶属关系和职权范围确定，一般不得越级请示和报告。

第十五条　政府各部门依据部门职权可以相互行文和向下一级政府的相关业务部门行文；除以函形式商洽工作、询问和答复问题、审批事项外，一般不得向下一级政府正式行文。部门内设机构除办公厅（室）外不得对外正式行文。

第十六条　同级政府、同级政府各部门、上级政府部门与下一级政府可以联合行文；政府与同级党委和军队机关可以联合行文；政府部门与相应的党组织和军队机关可以联合行文；政府部门与同级人民团体和具有行政职能的事业单位也可以联合行文。

第十七条 属于部门职权范围内的事务，应当由部门自行行文或联合行文。联合行文应当明确主办部门。须经政府审批的事项，经政府同意也可以由部门行文，文中应当注明经政府同意。

第十八条 属于主管部门职权范围内的具体问题，应当直接报送主管部门处理。

第十九条 部门之间对有关问题未经协商一致，不得各自向下行文。如擅自行文，上级机关应当责令纠正或撤销。

第二十条 向下级机关或者本系统的重要行文，应当同时抄送直接上级机关。

第二十一条 “请示”应当一文一事；一般只写一个主送机关，需要同时送其他机关的，应当用抄送形式，但不得抄送其下级机关。“报告”不得夹带请示事项。

第二十二条 除上级机关负责人直接交办的事项外，不得以机关名义向上级机关负责人报送“请示”“意见”和“报告”。

第二十三条 受双重领导的机关向上级机关行文，应当写明主送机关和抄送机关。上级机关向受双重领导的下级机关行文，必要时应当抄送其另一上级机关。

第五章 发文办理

第二十四条 发文办理指以本机关名义制发公文的过程，包括草拟、审核、签发、复核、缮印、用印、登记、分发等过程。

第二十五条 草拟公文应当做到：

（一）符合国家法律、法规及其他有关规定。如提出新的政策、规定等，要切实可行并加以说明。

（二）情况确实，观点明确，表述准确，结构严谨，条理清楚，直述不曲，字词规范，标点正确，篇幅力求简短。

（三）公文的文种应当根据行文的目的、发文机关的职权和与主送机关的行文关系确定。

（四）拟制紧急公文，应当体现紧急的原因，并根据实际需要确定紧急程度。

（五）人名、地名、数字、引文准确。引用公文应当先引标题，后引发文字号。引用外文应当注明中文含义。日期应当写明具体的年、月、日。

（六）结构层次序数，第一层为“一”，第二层为“（一）”，第三层为

“1.”，第四层为“（1）”。

（七）应当使用国家法定计量单位。

（八）文内使用非规范化简称，应当先用全称并注明简称。使用国际组织外文名称或其缩写形式，应当在第一次出现时注明准确的中文译名。

（九）公文中的数字，除成文日期、部分结构层次序数和在词、词组、惯用语、缩略语、具有修辞色彩语句中作为词素的数字必须使用汉字外，应当使用阿拉伯数字。

第二十六条 拟制公文，对涉及其他部门职权范围内的事项，主办部门应当主动与有关部门协商，取得一致意见后方可行文；如有分歧，主办部门的主要负责人应当出面协调，仍不能取得一致时，主办部门可以列明各方理据，提出建设性意见，并与有关部门会签后报请上级机关协调或裁定。

第二十七条 公文送负责人签发前，应当由办公厅（室）进行审核。审核的重点是：是否确需行文，行文方式是否妥当，是否符合行文规则和拟制公文的有关要求，公文格式是否符合本办法的规定等。

第二十八条 以本机关名义制发的上行文，由主要负责人或者主持工作的负责人签发；以本机关名义制发的下行文或平行文，由主要负责人或者由主要负责人授权的其他负责人签发。

第二十九条 公文正式印制前，文秘部门应当进行复核，重点是：审批、签发手续是否完备，附件材料是否齐全，格式是否统一、规范等。经复核需要对文稿进行实质性修改的，应按程序复审。

第六章 收文办理

第三十条 收文办理指对收到公文的办理过程，包括签收、登记、审核、拟办、批办、承办、催办等程序。

第三十一条 收到下级机关上报的需要办理的公文，文秘部门应当进行审核。审核的重点是：是否应由本机关办理；是否符合行文规则；内容是否符合国家法律、法规及其他有关规定；涉及其他部门或地区职权的事项是否已协商、会签；文种使用、公文格式是否规范。

第三十二条 经审核，对符合本办法规定的公文，文秘部门应当及时提出拟办意见送负责人批示或者交有关部门办理，需要两个以上部门办理的应当明确主办部门。紧急公文，应当明确办理时限。对不符合本办法规定的公文，经办公厅（室）负责人批准后，可以退回呈报单位并说明理由。

第三十三条 承办部门收到交办的公文后应当及时办理，不得延误、推诿。紧急公文应当按时限要求办理，确有困难的，应当及时予以说明。对不属于本单位职权范围或者不宜由本单位办理的，应当及时退回交办的文秘部门并说明理由。

第三十四条 收到上级机关下发或交办的公文，由文秘部门提出拟办意见，送负责人批示后办理。

第三十五条 公文办理中遇有涉及其他部门职权的事项，主办部门应当主动与有关部门协商；如有分歧，主办部门主要负责人要出面协调，如仍不能取得一致，可以报请上级机关协调或裁定。

第三十六条 审批公文时，对有具体请示事项的，主批人应当明确签署意见、姓名和审批日期，其他审批人圈阅视为同意。没有请示事项的，圈阅表示已阅知。

第三十七条 送负责人批示或者交有关部门办理的公文，文秘部门要负责催办，做到紧急公文跟踪催办，重要公文重点催办，一般公文定期催办。

第七章 公文归档

第三十八条 公文办理完毕后，应当根据《中华人民共和国档案法》和其他有关规定，及时整理（立卷）、归档。个人不得保存应当归档的公文。

第三十九条 归档范围内的公文根据其相互联系、特征和保存价值等整理（立卷），要保证归档公文齐全、完整，能正确反映本机关的主要工作情况，便于保管和利用。

第四十条 联合办理的公文，原件由主办机关整理（立卷）、归档，其他机关保存复制或其他形式的公文副本。

第四十一条 本机关负责人兼任其他机关职务，在履行所兼职务职责过程中形成的公文，由其兼职机关整理（立卷）、归档。

第四十二条 归档范围内的公文应当确定保管期限，按照有关规定定期向档案部门移交。

第四十三条 拟制、修改和签批公文，书写及所用纸张和字迹材料必须符合存档要求。

第八章 公文管理

第四十四条 公文由文秘部门或专职人员统一收发、审核、用印、归档和销毁。

第四十五条 文秘部门应当建立健全本机关公文处理的有关制度。

第四十六条 上级机关的公文，除绝密级和注明不准翻印的以外，下一级机关经负责人或者办公厅（室）主任批准，可以翻印。翻印时，应当注明翻印的机关、日期、份数和印发范围。

第四十七条　公开发布行政机关公文，必须经发布机关批准。经批准公开发布的公文，同发文机关正式印发的公文具有同等效力。

第四十八条　公文复印件作为正式公文使用时，应当加盖复印机关证明章。

第四十九条　公文被撤销，视作自始不产生效力；公文被废止，视作自废止之日起不产生效力。

第五十条　不具备归档和存查价值的公文，经过鉴别并经办公厅（室）负责人批准，可以销毁。

第五十一条　销毁秘密公文应当指定场所由二人以上监销，保证不丢失、不漏销。其中，销毁绝密公文（含密码电报）应当进行登记。

第五十二条　机关合并时，全部公文应当随之合并管理。机关撤销时，需要归档的公文整理（立卷）后按有关规定移交档案部门。工作人员调离岗位时，应当将本人暂存、借用的公文按照有关规定移交、清退。

第五十三条　密码电报的使用和管理，按照有关规定执行。

第九章　附则

第五十四条　行政法规、规章方面的公文，依照有关规定处理。外事方面的公文，按照外交部的有关规定处理。

第五十五条　公文处理中涉及电子文件的有关规定另行制定。统一规定发布之前，各级行政机关可以制定本机关或者本地区、本系统的试行规定。

第五十六条　各级行政机关的办公厅（室）对上级机关和本机关下发公文的贯彻落实情况应当进行督促检查并建立督查制度。有关规定另行制定。

第五十七条　本办法自 2001 年 1 月 1 日起施行。

附录 2

国家行政机关公文格式

国家行政机关公文格式是国家规定的行政机关公文的格式。

1. 简介

此为《党政机关公文格式》GB/T 9704—1999 所作规定，现已废止，如今经再次修订，已于 2012 年 7 月 1 日被新的国家规范《党政机关公文格式》GB/T 9704—2012 所代替。

2. 前言

本标准根据国务院办公厅发布的《国家行政机关公文处理办法》（GB/T 9704—1999）的有关规定对 GB/T 9704—1988 进行修订。

本标准相对 GB/T 9704—1988 作如下修订：

（1）将原标准名称《国家机关公文格式》改为《国家行政机关公文格式》；

（2）删去原标准中的引言部分；

（3）删去原标准中与公文格式规定无关的一些叙述性解释；

（4）对公文用纸的幅面尺寸作了较大调整，将国际标准 A4 型纸作为用纸纸型；删去国内 16 开型纸张的相应说明；

（5）对公文用纸的页边尺寸作了较大的调整；

（6）不设各标识域，而按公文眉首、主体和版记三部分各要素的顺序依次进行说明；

（7）增加了公文用纸的主要技术指标；

（8）增加了印刷和装订要求；

（9）增加了每页正文行数和每行字数及各种要素标识的字体与字号；

（10）增加了主要公文式样。

3. 引用标准

本标准中所用公文用语与《国家行政机关公文处理办法》中的用语一致。

本标准为第一次修订。

本标准由国务院办公厅提出。

本标准起草单位：中国标准研究中心、国务院办公厅秘书局。

本标准主要起草人：孟辛卯、房庆、李志祥、刘碧松、范一乔、张荣静、李颖。

3.1　范围

本标准规定了国家行政机关公文通用的纸张要求、印刷要求、公文中各要素排列顺序和标识规则。

本标准适用于国家各级行政机关制发的公文。其他机关公文可参照执行。使用少数民族文字印制的公文，其格式可参照本标准按有关规定执行。

3.2　标准

下列标准所包含的条文，通过在本标准中引用而构成为本标准的条文。本标准出版时，所示版本均为有效。所有标准都会被修订，使用本标准的各方应探讨使用下列标准最新版本的可能性。

GB 148—1977 印刷、书写和绘图纸幅面尺寸。

4. 定义

本标准采用下列定义。

4.1　字 Word

标识公文中横向距离的长度单位。一个字指一个汉字所占空间。

4.2　行 line

标识公文中纵向距离的长度单位。本标准以 3 号字高度加 3 号字高度 7/8 倍的距离为一基准行。

5. 技术指标

公文用纸一般使用纸张定量为 60~80g/m^2 的胶版印刷纸或复印纸。纸张白度为 85%~90%，横向耐折度≥15 次，不透明度≥85%，pH 为 7.5~9.5。

6. 版面尺寸

6.1　公文用纸幅面尺寸

公文用纸采用 GB/T 148 中规定的 A4 型纸，其成品幅面尺寸为：210mm×297mm，尺寸的允许偏差见 GB/T 148。

6.2　公文页边与版心尺寸

公文用纸天头（上白边）为：37mm±1mm；公文用纸订口（左白边）为：28mm±1mm；版心尺寸为：156mm×225mm（不含页码）。

7. 颜色要求

未作特殊说明公文中图文的颜色均为黑色。

8. 排版规格

8.1　排版规格

正文用 3 号仿宋字，一般每面排 22 行，每行排 28 个字。

8.2　制版要求

版面干净无底灰，字迹清楚无断画，尺寸标准，版心不斜，误差不超过1mm。

8.3 印刷要求

双面印刷；页码套正，两面误差不得超过2mm。黑色油墨应达到色谱所标BL100%，红色油墨应达到色谱所标Y80%，M80%。印品着墨实、均匀；字面不花、不白、无断画。

8.4 装订要求

公文应左侧装订，不掉页。包本公文的封面与书芯不脱落，后背平整、不空。两页页码之间误差不超过4mm。骑马订或平订的订位为两钉钉锯外订眼距书芯上下各1/4处，允许误差±4mm。平订钉锯与书脊间的距离为3~5mm；无坏钉、漏钉、重钉，钉脚平伏牢固；后背不可散页明订。裁切成品尺寸误差±1mm，四角成90°，无毛茬或缺损。

9. 标识规则

本标准将组成公文的各要素划分为眉首、主体、版记三部分。置于公文首页红色反线（宽度同版心，即156mm）以上的各要素统称眉首；置于红色反线（不含）以下至主题词（不含）之间的各要素统称主体；置于主题词以下的各要素统称版记。

9.1 眉首

9.1.1 公文份数序号

公文份数序号是将同一文稿印制若干份时每份公文的顺序编号。如需标识公文份数序号，用阿拉伯数码顶格标识在版心左上角第1行。

9.1.2 秘密等级和保密期限

如需标识秘密等级，用3号黑体字，顶格标识在版心右上角第1行，两字之间空1字；如需同时标识秘密等级和保密期限，用3号黑体字，顶格标识在版心右上角第1行，秘密等级和保密期限之间用“★”隔开。

9.1.3 紧急程度

如需标识紧急程度，用3号黑体字，顶格标识在版心右上角第1行，两字之间空1字；如需同时标识秘密等级与紧急程度，秘密等级顶格标识在版心右上角第1行，紧急程度顶格标识在版心右上角第2行。

9.1.4 发文机关标识

由发文机关全称或规范化简称后面加“文件”组成；对一些特定的公文可只标识发文机关全称或规范化简称。发文机关标识上边缘至版心上边缘为25mm。对于上报的公文，发文机关标识上边缘至版心上边缘为80mm。

发文机关标识推荐使用小标宋体字，用红色标识。字号由发文机关以醒目美观为原则酌定，但最大不能等于或大于22mm×15mm。

联合行文时应使主办机关名称在前，“文件”二字置于发文机关名称右侧，上下居中排布；如联合行文机关过多，必须保证公文首页显示正文。

9.1.5　发文字号

发文字号由发文机关代字、年份和序号组成。发文机关标识下空2行，用3号仿宋体字，居中排布；年份、序号用阿拉伯数码标识；年份应标全称，用六角括号“〔〕”括入；序号不编虚位（即1不编为001），不加“第”字。

发文字号之下4mm处印一条与版心等宽的红色反线。

9.1.6　签发人

上报的公文需标识签发人姓名，平行排列于发文字号右侧。发文字号居左空1字，签发人姓名居右空1字；签发人用3号仿宋体字，签发人后标全角冒号，冒号后用3号楷体字标识签发人姓名。

如有多个签发人，主办单位签发人姓名置于第1行，其他签发人姓名从第2行起在主办单位签发人姓名之下按发文机关顺序依次顺排，下移红色反线，应使发文字号与最后一个签发人姓名处在同一行并使红色反线与之的距离为4mm。

9.2　主体

9.2.1　公文标题

红色反线下空2行，用2号小标宋体字，可分一行或多行居中排布；回行时，要做到词意完整，排列对称，间距恰当。

9.2.2　主送机关

标题下空1行，左侧顶格用3号仿宋体字标识，回行时仍顶格；最后一个主送机关名称后标全角冒号。如主送机关名称过多而使公文首页不能显示正文时，应将主送机关名称移至版记中的主题词之下、抄送之上，标识方法同抄送。

9.2.3　公文正文

主送机关名称下一行，每自然段左空2字，回行顶格。数字、年份不能回行。

9.2.4　附件

公文如有附件，在正文下空一行左空2字用3号仿宋体字标识“附件”，后标全角冒号和名称。附件如有序号使用阿拉伯数码（如“附件：1. ×××××”）；附件名称后不加标点符号。附件应与公文正文一起装订，并在附件左上角第1行顶格标识“附件”，有序号时标识序号；附件的序号和名称前后标识应一致。如附件与公文正文不能一起装订，应在附件左上角第1行顶格标识公文的发文序号并在其后标识附件（或带序号）。

9.2.5　成文时间

用汉字将年、月、日标全；“零”写为“〇”；成文时间的标识位置见 9.2.6。

9.2.6 公文生效标识

9.2.6.1 单一发文印章

单一机关制发的公文在落款处不署发文机关名称，只标识成文时间。成文时间右空 4 字；加盖印章应上距正文 2~4mm，端正、居中下压成文时间，印章用红色。

当印章下弧无文字时，采用下套方式，即仅以下弧压在成文时间上；当印章下弧有文字时，采用中套方式，即印章中心线压在成文时间上。

9.2.6.2 联合行文印章

当联合行文需加盖两个印章时，应将成文时间拉开，左右各空 7 字；主办机关印章在前；两个印章均压成文时间，印章用红色。只能采用同种加盖印章方式，以保证印章排列整齐。两印章之间不相交或相切，相距不超过 3mm。

当联合行文需加盖 3 个以上印章时，为防止出现空白印章，应将各发文机关名称（可用简称）排在发文时间和正文之间。主办机关印章在前，每排最多排 3 个印章，两端不得超出版心；最后一排如余一个或两个印章，均居中排布；印章之间互不相交或相切，在最后一排印章之下右空 2 字标识成文时间。

9.2.6.3 特殊情况说明

当公文排版后所剩空白处不能容下印章位置时，应采取调整行距、字距的措施加以解决，务使印章与正文同处一面，不得采取标识“此页无正文”的方法解决。

9.2.7 附注

公文如有附注，用 3 号仿宋体字，居左空 2 号字加圆括号标识在成文时间下一行。

9.3 版记

9.3.1 主题词

主题词用 3 号黑体字，居左顶格标识，后标全角冒号，词目用 3 号小标宋体字；词目之间空 1 字。

9.3.2 抄送

公文如有抄送，在主题词下一行；左空 1 字用 3 号仿宋体字标识“抄送”，后标全角冒号；回行时与冒号后的抄送机关对齐；在最后一个抄送机关后标句号。如主送机关移至主题词之下，标识方法同抄送机关。

9.3.3 印发机关和印发时间

位于抄送机关之下（无抄送机关在主题词之下）占 1 行位置；用 3 号仿宋体字。印发机关左空 1 字，印发时间右空 1 字。印发时间以公文复印的日期为准，用阿拉伯数码标识。

9.3.4 版记中的反线

版记中各要素之下均加一条反线，宽度同版心。

9.3.5 版记的位置

版记应置于公文最后一页，版记的最后一个要素置于最后一行。

10. 页码

用4号半角白体阿拉伯数码标识，置于版心下边缘之下一行，数码左右各放一条4号一字线，一字线距离版心下边缘7mm。单页码居右空1字，双页码居左空1字。空白页和空白页以后的页不标识页码。

11. 表格

公文如需附表，对横排A4纸型表格，应将页码放在横表的左侧，单页码置于表的左下角，双页码置于表的左上角，单页码表头在订口一边，双页码表头在切口一边。公文如需附A3纸型表格，且当最后一页为A3纸型表格时，封三、封四（可放分送，不放页码）就为空白，将A3纸型表格贴在封三前，不应贴在文件最后一页（封四）上。

12. 特定格式

12.1 信函式格式

发文机关名称上边缘距上页边的距离为30mm，推荐用小标宋体字，字号由发文机关酌定；发文机关全称下4mm处为一条武文线（上粗下细），距下页边20mm处为一条文武线（上细下粗），两条线长均为170mm。每行居中排28个字。发文机关名称及双线均印红色。两线之间各要素的标识方法从本标准相应要素说明。

函适用于不相隶属机关之间相互商洽工作、询问和答复问题，向有关主管部门请求批准等。

公函包括标题、主送机关、正文、发文机关、日期等。

①标题，一般由发文机关、事由、文种或者事由、文种组成。一般发函为《关于××（事由）的函》；复函为《关于××（答复事项）的复函》。

②正文，一般包括三层：简要介绍背景情况；商洽、询问、答复的事项和问题；希望和要求，如务希研究承复，敬请大力支持为盼等。

12.2 命令格式

命令标识由发文机关名称加“命令”或“令”组成，用红色小标宋体字，字号由发文机关酌定。命令标识上边缘距版心上边缘20mm，下边缘空2行居中标识标识令号；令号下空2行标识正文；正文下一行右空4字标识签发人签名章，签名章左空2字标识签发人职务；联合发布的命令或令的签发人职务应标识全称。在签发人签名章下一行右空2字标识成文时间。分送机关标识方法同抄送机关。其他要素从本标准相关要素说明。

12.3 会议纪要格式

会议纪要标识由“×××××会议纪要”组成。其标识位置同9.1.4，用红色小标宋体字，字号由发文机关酌定。会议纪要不加盖印章。其他要素从本标准相关要素说明。

国家质量技术监督局1999-12-27批准发布，2000-01-01实施。

13. 特别说明

此为《党政机关公文格式》GB/T 9704—1999所作规定，现已废止，经再次修订，已于2012年7月1日被新的国家规范《党政机关公文格式》GB/T 9704—2012所代替。

参考文献

[1] 胡伟，周红梅，赵崇平．实用应用文写作［M］．北京：人民出版社，2010.

[2] 刘晓玲．应用文写作［M］．上海：立信会计出版社，2011.

[3] 倪浓水，黄雅玲．应用文书写作［M］．北京：海洋出版社，2012.

[4] 刘增安．新型实用应用文写作［M］．北京：北京理工大学出版社，2011.

[5] 如歌．现代公文写作规范与技巧［M］．北京：海潮出版社，2012.